Wibke Ladwig

Geschichten aus der
Heimbürokantine

HÄDECKE

INHALTSVERZEICHNIS

Bei Muttern

Zuhause

Anhang

Wie die Heimbürokantine
ihren Anfang nahm

Mein Magen knurrt. Es geht auf die Mittagszeit zu. In der Thermoskanne ist noch ein Rest Tee. Während ich ihn trinke, gehe ich in Gedanken durch, was ich essen könnte. Hm. Das Ergebnis ist ernüchternd. Es wird wohl Nudeln geben, vielleicht mit einer Soße aus eilig in der Pfanne mit Olivenöl zusammengerührtem Tomatenmark. Vermutlich werde ich den Teller gleich mit vor den Computer nehmen und dort essen. Also, auf den Bildschirm gucken und gleichzeitig die Nudeln in mich reinstopfen. Oder esse ich sie einfach gleich aus dem Topf?

Ich werde satt. Auf eine seltsam ungute Weise. Als ich am Abend den Computer ausstelle, sammle ich den schmutzigen Teller ein und bin mit mir unzufrieden. Am Wochenende koche ich regelmäßig gern und . Doch unter der Woche, für mich allein, kann ich mich nicht aufraffen. Alles andere erscheint wichtiger. Und sei es nur, irgendetwas im Internet zu lesen.

Eines Tages jedoch polterte eine Pandemie herbei und warf Gewohnheiten über den Haufen. Mein Mann zog aus dem Großraumbüro ins Heimbüro und richtete sich dort auf unbestimmte Zeit einen Arbeitsplatz ein. Eine Heimbürogemeinschaft. Fein. Das rief nach einer Heimbürokantine! In einer Situation, in der mir durch Corona so gut wie alle Aufträge wegbrachen, wuchs das Bedürfnis nach Struktur und danach, wenigstens einmal am Tag etwas Sinnvolles zu tun. Etwas für die Nerven. Etwas für den Magen. Kochen. Essen muss der Mensch. Mein Anspruch war, abwechslungsreich zu kochen, möglichst saisonal und regional. Zubereiten und Verspeisen sollten nicht länger als eine Stunde benötigen. Mir tat es gut, mich auf genau diese Aufgabe konzentrieren zu können. Um mich herum gingen viele Gewissheiten flöten. Pläne zu fassen war in dieser Zeit so gut wie unmöglich. Doch Essen, das ließ sich planen.

Miteinander mittags zu essen erinnerte mich an die geordneten Mahlzeiten als Kind in einer Familie, wo man sich jeden Tag zur selben Zeit zum Essen am Küchentisch traf und miteinander speiste. Mein Vater kam aus dem Büro nach Hause und aß mit uns. Frühstück, Mittagessen und Abendbrot ordneten den Tag. Nachmittags gab es meist noch Kaffee, manchmal mit Keksen, manchmal mit Kuchen. Ich erinnerte mich, dass diese Regelmäßigkeit etwas Beruhigendes hatte. Und übernahm sie für die beunruhigenden Zeiten dieser Pandemie.

Denn sie war mir zwischenzeitlich fremd geworden, diese Struktur durch die Mahlzeiten. Als ich von zuhause auszog, löste ich mich nicht nur davon. Meine Tagesabläufe wurden unsteter, feste Mahlzeiten erschienen mir spießig. Einzig fürs Frühstück gab es noch eine feste Zeit, doch der Rest fand nach Gefühl statt. Nach dem Hungergefühl! Es gibt ein Sprichwort, das besagt: Hunger ist der beste Koch. Der Hintergrund ist ein trauriger, denn natürlich ist jemand, der Hunger leidet, über alles froh, was diesen Hunger zu stillen vermag. Wenn ich von Hunger spreche, dann ist damit allenfalls Appetit gemeint. Sollte der in seltenen Fällen zu Hunger ausarten, sinkt nicht nur die Laune, sondern auch meine Kochkunst. Ich koche zu viel und ungeduldig, ich esse zu schnell. Das sind die besten Voraussetzungen für anhaltend schlechte Laune trotz eines gefüllten Magens und für einen leeren Kopf, weil der Körper sich der Bewältigung des Zuviels und Zuschnells an Garnichtmalsogutem widmen muss.

Für die Heimbürokantine räume ich mir eine Mittagspause ein, die allein dem Kochen und Essen dient. Für eine Stunde komme ich auf andere Gedanken und sehe und spüre und schmecke, was ich tue. Zu Beginn war die Verbindlichkeit in der Zeit auch wichtig, damit mein Mann diese Mittagspause einplanen konnte. Am Ende waren es neun Wochen Heimbürogemeinschaft mit gemeinsamen

Mahlzeiten. Nachdem er dann wieder Tag für Tag ins Büro reiste, behielt ich die Heimbürokantine bei. Für mich allein. Ich tat mir etwas Gutes, indem ich mir die Zeit fürs Kochen nahm und die Zeit fürs Essen am Küchentisch. Indem ich nicht mehr jeden Tag von Neuem überlegte, was ich essen könnte, formten sich Pläne, was ich wann einkaufe und wie ich die Lebensmittel verwerte. Und ich stelle fest, dass ich überlegter einkaufe, ehrgeiziger koche und dadurch weniger wegwerfe als früher.

Mein Magen weiß die beibehaltene Regelmäßigkeit zu schätzen. Er entwickelt sich zu einem anspruchsvollen Fensterrentner, der mich mittlerweile mit seinem Knurren zu berechenbaren Zeiten daran erinnert, dass ich eine Pause einlegen und in die Küche wechseln sollte. Sehr gern, der Herr.

Erinnerungen

KULINARISCHE SOUVENIRS

Ich erinnere mich an das noch warme Baguette in meiner Hand. Auf dem Weg zum Zeltplatz breche ich das Knäppchen ab und schiebe es mir in den Mund. Knäppchen, so nannten wir in meiner Kindheit das Endstück eines Brotes. Gewürzt mit einem Hauch von schlechtem Gewissen schmeckt es gleich nochmal so gut. »Kannst du nicht warten?«, mäkelt eine Stimme in meinem Kopf.

Ich erinnere mich an verregnete Sonntagvormittage. Nach dem Frühstück liege ich im Bett und lese. Von unten aus der Küche höre ich es zischen. Ein Stück Fleisch landet in heißem Fett. Der Duft nach Angebratenem zieht durchs Haus. Wenig später höre ich, wie ein Deckel auf den Topf kommt. Die Schritte meiner Mutter. Türen klappen. Unser Dackel wird vor die Tür geschickt. In den nächsten Stunden wird mir das Wasser im Munde zusammenlaufen. »Komm' runter, Essen ist gleich fertig. Hol' den Hund rein und mach' ihm die Pfoten sauber. Das Handtuch liegt auf der Treppe. Und wasch' dir die Hände. Hier ist die Schere. Holst du noch Schnittlauch aus dem Garten?«

Ich erinnere mich daran, wie ich meiner Mutter in der Küche helfe. Gemüse schnibbeln. Etwas aus dem Keller holen. In der Küche zu helfen, bedeutete auch: Probieren, abschmecken. Nicht warten müssen. Rohe Kartoffelstücke ergattern können. Das Gemüse immer am liebsten roh. Aber keine grünen Bohnen. Der Duft des gebratenen und geschmorten Fleischs, aber lieber nur die Soße. Der See aus Bratensoße in der Landschaft aus Stampfkartoffeln, Erbsen und Möhren sind Büsche und Bäume. Meine Oma meint, mit Essen spiele man nicht. Unterm Tisch quengelt unser Dackel.

Ich erinnere mich an Fiebertage im Bett. Alles tut weh. Alles ist schlapp. Die Nase zu. Husten. Meine Welt ein Jammertal. Selbst lesen geht nicht. Nur liegen. Der Dackel liegt mit. Zwischendurch rennt er bellend ans Fenster oder runter, an die Tür. Kranke hüten und das Haus, er hat zu tun. Dann liegt er schnarchend auf der Bettdecke. Bunte Frotteebettwäsche. Meine Mutter kommt und bringt mir Vanillepudding. Noch warm. »Hier, Kind, iss' was, damit du wieder gesund wirst.«

Ich erinnere mich an Österreich, an Kärnten. An Familienurlaub im Tal eines rauschenden Flusses und drumherum die Berge. Ich bin nach drei Wochen Schnitzelkönigin. In Österreich verspeise ich jeden Tag dasselbe: Rinderbouillon mit Nudeln, Schnitzel mit Fritten und Salat. Salat aus dem Garten unserer Herberge. Urlaub für Urlaub in all den Jahren, die wir dort als Familie getreulich hinreisen. Ein Bauernhof mit eigener Schlachtung. Wir wohnen in Fremdenzimmern, so nannte man die damals. Toiletten und die Bäder auf dem Flur. Angeschlossen an eine kleine Gastwirtschaft, in der die Nachbarschaft einkehrte. »Nein, ich bin noch nicht müde.« Ich schlafe auf der Bank. Um mich herum fröhliches Miteinander.

Den Geschmack des Essens dort habe ich immer noch auf der Zunge. Ich koche ihm hinterher. Unvergessen der Salat, den die Küchenhilfe unserer Wirtin erst dann aus dem Garten holte, wenn er bestellt wurde. Erst als ich irgendwann meinen Mietacker hatte, entdeckte ich die Salatsorte, die es damals gewesen sein muss: ein zarter, köstlich grün schmeckender Eisbergsalat mit fransigen Blättern, der nichts, aber auch gar nichts mit diesen geschmacksneutralen Wasserköpfen aus den Supermärkten zu tun hat.

Ich esse und erinnere mich an vergangene Speisen, an vergangene Zeiten. Du bist, was du isst, sagt man. Essen ist Erinnerung.

LINSEN

Meine Hand taucht in das Glas mit den Linsen. Kühl schmiegen sich die Hülsenfrüchte an meine Haut. Ein erdiger, nussiger Duft steigt in meine Nase. Ein seltsam friedliches Gefühl, zufriedenstellend zugleich, vorfreudig. Ich werde einen Teil der Linsen gleich in einen Topf geben und schon beim Kochen wird sich der Duft verstärken. Linsen haben einen charismatischen Geruch. Wer schon einmal nach Fotos von Linsen gegoogelt hat, sieht, wie sie in adretten Samentäschchen an eher unscheinbaren, strauchigen Pflanzen baumeln. Lange Zeit kannte ich nur die große, braune Linse, die beim Kochen sämig-weich wird und dem klassischen Linseneintopf seine unwiderstehliche Manschigkeit verleiht.

Den Klassiker für raue Tage in Herbst und Winter gibt es in der Heimbürokantine schon deshalb selten, weil man Eintöpfe eigentlich nur in größeren Mengen kochen kann. Es gibt mehr als Omas Eintopflinse: Rote und gelbe Linsen sind gute Sorten für sämige Suppen, Pasten und Pürees. Sie zerfallen schon nach 10 bis 15 Minuten beim Kochen und sind daher für die schnelle Küche gut geeignet. Ich bevorzuge festkochende Linsen. Ein, zwei Sorten habe ich immer im Vorratsschrank: Schwarz glänzende Beluga-Linsen, rötlich-braune Château-Linsen, die dunkleren Berglinsen, grüne Linsen oder die kleinen Alblinsen.

Linsen sind in der Heimbürokantine unentbehrlich. Oft koche ich zu Beginn der Woche einen Schwung Linsen vor und stelle sie nach dem Abkühlen in einer Frischhaltedose in den Kühlschrank. Ich koche sie bissfest, spüle sie nach dem Kochen mit reichlich kaltem Wasser ab und lasse sie gut abtropfen. Im Kühlschrank halten sie sich einige Tage. Ich füge sie Salaten, Suppen oder Pfannengerichten hinzu.

Besonders gern esse ich Linsen als Zutat in einer Schüssel Salat. Halt, inzwischen nennt man das Salatbowl, worunter man eine Schüssel mit verschiedenen Salaten, Gemüsen und Obst, Pilzen, Kräutern, Nüssen sowie etwas Sättigendem wie Kartoffeln, Kichererbsen, Bohnen, Couscous oder eben Linsen versteht. Alle Zutaten bleiben zunächst unter sich, werden also nicht vermengt. Dazu oder obenauf gibt es ein Dressing. Ich bevorzuge eine einfache Vinaigrette aus Essig, Salz, Pfeffer und Öl. Je nach Lust und Laune kann man dem Dressing Joghurt, Zitrone, Senf, Knoblauch, etwas Marmelade oder Sesampaste hinzufügen. Das ist der Moment, in dem man sich entscheidet, welche Geschmacksnote man der Bowl verleihen möchte: fruchtig, nussig, zitronig, »grün« – abhängig auch davon, welche Zutaten sich in der Schüssel befinden.

Kalte Salate und Warmes wie frisch angebratene Pilze, gegrillte Zucchini oder Kartoffeln vertragen sich dann gut, wenn man die warmen Zutaten nicht ausgerechnet mit empfindlicheren Blattsalaten wie Kopfsalat oder Feldsalat mischt. Käse passt gut, wenn er nicht zu dominant schmeckt. Natürlich kann man auch Fleisch oder Wurst dazugeben, aber meist erschlägt dieser sehr herzhafte Geschmack die feineren Geschmacksnoten des Salats. Und viele Obstsorten eignen sich: Äpfel, Birnen, Pfirsiche, Nektarinen, Kiwis, Aprikosen, Beeren oder Granatapfelkerne. Was einem in welcher Kombination schmeckt, bekommt man mit der Zeit heraus und man kann es saisonal variieren. Linsen passen meist hervorragend dazu, mit ihrem nussigen Geschmack, ihrem Biss und weil sie sättigen, ohne dass man danach völlig überfuttert ist. Man tut sich auch noch etwas Gutes, denn sie gelten als gesunder Eiweißlieferant.

Und zwischendurch kann man seine Hand im Linsenglas versenken. Hach!

SCHWESTER VERONIKA

Während ich die grünen Paprikaschoten unter dem Wasserhahn abspüle, höre ich sie wieder, ihre Stimme: Schwester Veronika war fest davon überzeugt, dass Paprikaschoten zu den unhygienischsten Gemüsesorten in der Küche gehören. Alle vier Wochen kochten wir mit dem Hauswirtschaftskurs in der Schulküche. Meine Finger wurden langsam taub, während ich unter den Augen meiner Lehrerin im eiskalten Wasserstrahl die Schoten wusch, bis sie mit dem Zustand derselben zufrieden war. Ich beäuge meine Paprika. Sauber!

Es waren vielleicht nur ein, vielleicht zwei Jahre, in dem ich Hauswirtschaftsunterricht bei Schwester Veronika hatte. Sie war eine der Nonnen, die an unserer Schule neben den anderen Lehrerinnen und Lehrern unterrichteten. Damals war das Gymnasium noch in der Trägerschaft der Ursulinen, die in Gebäuden neben der Schule lebten. In meiner Erinnerung war Schwester Veronika eine schon ältere Dame, aber aus Sicht eines Teenagers heißt das vermutlich nicht viel. Unter ihrer Haube ringelten indes widerspenstige graue Haare hervor. Es wundert mich im Nachhinein nicht, dass sich die Haare nicht bändigen ließen: Die ganze Erscheinung von Schwester Veronika war von energischem Tun geprägt. Ihr Schritt in den besockten Ledersandalen war flott und effizient. Eine resolute Persönlichkeit in Schwesterntracht, deren schwerer schwarzer Stoff es wiederum nicht wagte, anders als in glatten Falten mitzuschwingen. Der Kragen war stets weiß und sauber. Schwester Veronika verfügte über einen robusten Humor, nur für Quatsch hatte sie wenig Geduld. Viele Lachfältchen kräuselten sich in ihrem Gesicht. Ihre Augen blickten wach und freundlich hinter Brillengläsern. Ich mochte sie. Ich respektierte sie. Beides gute Voraussetzungen, um zu lernen.

Unser Schulkochbuch hieß »Das elektrische Kochen«, verfasst von Elisabeth Meyer-Haagen. Mein Exemplar ist von 1986, die 45. Auflage. Im Vorwort wird auf den 50. Geburtstag dieses Kochbuchs hingewiesen. Ich habe nachgesehen: Inzwischen heißt es »Das blaue Kochbuch« und die aktuelle ist die 56. Auflage, nach wie vor herausgegeben von der *HEA – Fachgemeinschaft für effiziente Energieanwendung e. V.* Mein inzwischen reichlich zerfleddertes Exemplar zeugt von der regen Nutzung, seit ich es besitze.

Beim letzten Umzug noch fand ich Matrizenabzüge mit Rezepten, die wir für das monatliche Kochen vorbereiteten. Für die Jüngeren unter uns: Mit dem Matrizendrucker wurden damals in der Schule Dokumente vervielfältigt. Einen Kopierer gab es noch nicht, ebenso wenig wie Computer. Ein Matrizendrucker war eine einfache und günstige Technologie, um Abzüge zu machen. Verwendet wurde gelbliches, saugfähiges Papier, auf dem die Schrift in blauer Farbe erschien. Die Vorlagen waren entweder mit der Schreibmaschine geschrieben oder mit der Hand. Mit der Anzahl der Abzüge wurde die Schrift immer blasser. Am meisten in Erinnerung blieb mir der Geruch nach Spiritus, der für diese Form der Hektographie notwendig war. Bei uns an der Schule zog man für diese Aufgabe gern Schüler*innen heran, die im Vorzimmer der Schulsekretärin vor dem Unterricht die Abzüge machten. Matrizenabzügen verblassen im Lauf der Zeit, meine Rezepte sind inzwischen teils nur noch zu erahnen

Rezepte vorzubereiten, das bedeutete nicht nur, eine Einkaufsliste zusammenzustellen oder zu prüfen, was in den Vorräten der Schulküche noch vorhanden war. Sondern es ging zusätzlich um eine sinnvolle Zusammenstellung der Gerichte (stets in der Reihenfolge Vorspeise, Hauptspeise und Nachspeise sowie Kuchen), also geschmacklich, saisonal und im Hinblick auf die Nährstoffe, sowie um die

Berechnung des Nährwertes. Letzterer orientierte sich an dem Bedarf, der sich aus der Tätigkeit, dem Alter und dem Geschlecht der zu Bekochenden ergab.

Selten wird mir bewusst, wie viel ich in Schwester Veronikas Unterricht gelernt habe. Wie bei fast allem, was man mühsam erlernt, denkt man irgendwann nicht mehr über einzelne Abläufe nach, sondern handelt einfach entsprechend. Doch dafür muss man es eben auch tun. So wie mir eine ehemalige Reitlehrerin irgendwann sagte: Reiten kommt nur vom Reiten. Ebenso ist es beim Kochen: Kochen kommt nur vom Kochen. Es bedeutet, dass man sich Techniken aneignet und Grundlegendes beachtet. Wer keine Schwester Veronika hat, braucht ein gutes Grundkochbuch. Wer beides hat, ist wenigstens in der Küche ein glücklicherer Mensch.

Und was passiert nun mit den exzellent gereinigten Paprikaschoten? Grüne Paprikas sind umstritten, denn sie schmecken im Vergleich zu den gelben und roten herb. Wer aber die Geschmacksnote Bitter mag, wird sie lieben. Es gibt die dunkelgrünen, eher kugeligen Schoten und die helleren, schmalen Krummkegel. Meine Paprikaschoten sind Spitzpaprika, deren Kerngehäuse und Stiel ich mit einem kleinen scharfen Messer entferne. Dann schneide ich sie quer in dünne Ringe und gebe sie mit gerösteten Sesamkernen, glattblättriger Petersilie und einem Joghurt-Zitronen-Dressing zum Kopfsalat. Mehr als frisches Fladenbrot braucht es dann nicht zur Glückseligkeit.

VON ÄPFELN UND APRIKOSEN

Selig tätschle ich seine roten Bäckchen. Fest und rund und duftend liegt er in meiner Hand. Ich rieche an ihm. Ich beiße hinein. Und schließe die Augen.

Ich erinnere mich an die beiden Apfelbäume, die hinter dem Haus meiner Eltern standen. Die Gartenvögel saßen darin, Blaumeisen, Rotkehlchen und Spatzen. Im Frühling waren die Apfelbäume voller weiß-rosa Rüschen und um sie herum summende Bienen und Hummeln. Im Spätsommer wuchsen viele kleine, krumme Äpfel an ihren knorrigen Zweigen. Diese Äpfel eigneten sich gut für Apfelmus und Apfelkuchen. Sauer macht lustig. Ich aß sie gern. Wie aus einem Märchen entsprungen lag der Apfel in meiner Hand. Der Apfel fällt nicht weit vom Stamm. Achtung, da könnten Wespen im Gras sein! Eine Seite hellgrün, die andere rot gesprenkelt. In Gedanken ein Gruß an Schneewittchen, Adam und Eva im Paradies und Wilhelm Tell. Vorsichtig biss ich Stückchen ab, denn manchmal waren sie wurmstichig und bitter. Da lehrte die Erfahrung, lieber sachte vorzugehen. Im Winter schätzten die Amseln die übriggebliebenen Früchte.

Eines Tages mussten die Apfelbäume weichen. Ihre Wurzeln wollten dem Haus ans Fundament. Sie gibt es nun nur noch auf alten Familienfotos. Und in meiner Erinnerung.

Ich öffne meine Augen und beiße in meinen Apfel. Für einen kurzen Moment habe ich den Geschmack von früher auf der Zunge. Es sind die ersten Elstar. Sie schmecken säuerlich. Köstlich. Nun gibt es wieder Herbstäpfel, meinte die Obstbäuerin, als sie mir zusammen mit den Elstar-Äpfeln eine der letzten Papiertüten mit dem Sommerapfel Delba herüberreicht.

Essen weist über den Moment hinaus. Essen vermag uns mit der Vergangenheit, mit Erinnerungen zu verbinden, mit uns selbst, mit anderen und mit der Gegenwart, mit dem Hier und Jetzt. Geschmacks- und Geruchssinn sind direkt mit dem limbischen System in unserem Gehirn verbunden. Dies ist ein sehr alter Teil des Gehirns, lese ich in einem medizinischen Lexikon. Dieser steuert unter anderem das Gedächtnis und die Gefühle. Kein Wunder also, dass gewisse Gerüche und Geschmäcker uns direkt in die Kindheit oder in bedeutungsvolle Momente katapultieren.

Blaubeeren bringen die Tage zurück, in denen wir auf Wanderungen in den Bergen kopfüber die prallen, blau-lilafarbenen Perlen sammelten und alle Behältnisse damit füllten, immer eine in den improvisierten Beutel, eine in den Mund. Einmal gerieten wir dabei in ein heftiges Unwetter und kauerten in Erdkuhlen, während es gewaltig blitzte und donnerte.

Reife und wohlduftende Aprikosen erinnern mich an einen warmen Tag im Luberon, das Licht fleckig in der Platanenallee, die Luft voller Zikaden-Gesang. Es war meine erste Reise nach Südfrankreich, ins Hinterland der Provence. Die karge, unzugängliche Landschaft, ebensolche Menschen, leuchtendblau die Farben des Himmels. Es roch nach wildem Thymian, Kalkstein, Kiefern, Steineichen, Sonne und Lavendel. Am Wegesrand ein Tisch mit Kisten voller Cavaillon-Melonen und Aprikosen. Darauf ein Kästchen für das Geld. Nie wieder schmeckten Aprikosen so gut.

Cantal-Käse aus der Auvergne und dazu würzige Salami – sofort stehe ich wieder in dem kleinen Lebensmittelladen in einem Dorf in den Savoyer Alpen. Hinter der Käsetheke reckt sich ein Mädchen und fragt nach unserem Begehr. Das Mädchen ist vielleicht acht Jahre alt. Die Mutter ist noch vorn an der Kasse beschäftigt. Nun stehen wir ein wenig aufgeregt voreinander. Denn mit meinen sieben Sätzen Französisch komme ich nicht weiter. Wir lachen und zeigen und wippen mit den Köpfen auf und ab, von links nach rechts. In der Theke liegen große Laibe mit Käse: Tomme de Savoie. Das Dorf ist berühmt für seinen Käse, lese ich später. Die Mutter kommt hinzu. Mit Käse, Salami, Baguette und köstlich kalter Orangenlimonade verlassen wir erfreut den Laden. Mutter und Tochter winken uns hinterher. Wir verspeisen unsere Beute am Ufer eines munter rauschenden Gebirgsflusses.

Schnaufend stellen wir unsere Fahrräder ab. Da ist er, der Hofladen des Bauernhofs, dessen Kartoffeln ich so liebe. Kennengelernt über den Direktvermarkter wuchs der Wunsch, mir den Hof anzusehen und die Menschen kennenzulernen, die »meine« Kartoffeln ernten. Und da sollte es jungen Knoblauch geben – nichts wie hin! Ding-dong, guten Tag, wie schön und, ah, der Knoblauch? Schon ging einer raus aufs Feld nebenan und holte mir eigens Nachschub. Ich klemmte die Knollen in den Flaschenhalter am Fahrrad. In einer Knoblauchduftwolke ging es zurück in die Stadt.

Während mich Besuche bei anderen mit unanständiger Neugier vor die Bücherregale führt, so ist es in anderen Orten und Ländern der Gang in die Lebensmittelläden und auf die Märkte. In fremden Supermärkten und Läden kann ich Stunden verbringen. Ich schaue mir an, was in den Regalen steht und wie sortiert wird. In den Käsetheken Frankreichs finde ich die halbe Nation, die Regionen, denen ich nachschmecken kann. Beinahe jeder Ort scheint seinen eigenen Käse zu haben, auf den man, meist zu Recht, stolz ist. Auf den Märkten findet man kleine Stände, die nur wenige Sorten des selbst erzeugten Käses verkaufen. Da gibt es den ganz jungen, noch cremigen Schafskäse. Und den reifen, schon dunkel ergrauten, der schmeckt, als würde man mit der Zunge über ein Schaffell lecken. Eine Delikatesse, wenn man den richtigen Wein und vielleicht ein paar Früchte dazu hat.

Eine Annäherung über den Mund und über die Nase, über das Hinschmecken und Hinriechen. Die Frage nach dem, was jemand liest, ähnelt für mich der Frage, was und wie jemand isst.

Wenn ich jemanden nach seinen Reisen fragen, ist es immer auch die Frage nach dem, was dort gegessen und getrunken wurde. Wenn ich jemanden nach seiner Kindheit und seinen Erinnerungen frage, ist es ebenso die Frage nach dem, was damals gegessen und getrunken wurde.

Essen verbindet – uns mit der Welt, uns mit unserer eigenen Geschichte.

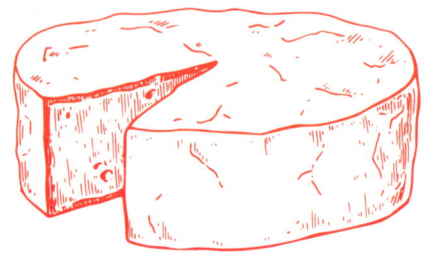

VAMPIRE

Vampire. Mich verbindet seit meiner Kindheit eine eigenartige Lustangst mit diesen Gestalten der Nacht. Schimmernder dunkelvioletter Samt, wogende schwarze Umhänge, weiße Hälse, in die sich spitze Zähne bohren, die große Melancholie der Unsterblichkeit, die Sucht nach Leben, Lust und Liebe. Viel zu früh sah ich den Film »Tanz der Vampire« und nahm ihn ernst. Vor dem Schlafengehen prüfte ich noch lange Zeit alle Orte, an denen sich ein Vampir hätte verbergen können.

Was ich lernte: Kreuze helfen. Knoblauch hilft. So erschien es mir, eher pragmatisch-katholisch aufgewachsen, überaus logisch, als man mir zu meiner Erstkommunion Halsketten mit kleinen Kreuzen daran schenkte. Halsketten, die ich wie noch beinahe jeden Schmuck, nach und nach den Göttern opferte: Ich verlor sie alle. Das mit den Kreuzen funktionierte also nicht. Knoblauch jedoch gab es damals bei uns im Sauerland nur als entsetzlich stinkendes Granulat, dessen zweifelhaftes Aroma einem noch tagelang als Pelz auf der Zunge klebte. Es wunderte mich nicht, dass Knoblauch Vampire fernhielt. Er hielt jeden fern. Man wäre sich selbst gern ferngeblieben.

Doch dann kam frischer Knoblauch ins Spiel. Mittlerweile bekommt man ihn überall: weißen Knoblauch, violetten Knoblauch, Knoblauch aus nur einer prallen, milden Zehe, geräucherten Knoblauch, schwarzen Knoblauch, jungen Knoblauch. Eins meiner liebsten Mitbringsel von Frankreichreisen sind die geflochtenen Zöpfe mit dem herrlich schmeckenden violetten Knoblauch aus der Provence. Fährt man durch dessen Hauptanbaugebiete, sieht man zahlreiche Verkaufsstände links und rechts der Straßen, prallvoll mit Knoblauchzöpfen, und auf einem Kreisverkehr sah ich eine überdimensionale Knoblauchknollenskulptur, um die sich alles drehte.

Vor einer Weile entdeckte ich den ganz jungen Knoblauch für mich: Einer meiner liebsten Direkterzeuger baut ihn auf seinen Feldern in Rommerskirchen an, die Familie Trippen, unweit von Köln. Junger Knoblauch sieht auf den ersten Blick aus wie Frühlingszwiebeln. Das grüne Laub ist etwas fasriger und fasst sich stabiler an. Auch die Noch-nicht-Knollen machen einen widerborstigeren Eindruck als die zarten Frühlingszwiebeln. Und alles duftet: Die weißen Enden, das grüne Laub. Eindeutig nach Knoblauch, aber ein frischer Geruch nach Grün mischt sich dazu.

Dass sich aus dem jungen Knoblauch eine Paste herstellen lässt, las ich im Instagram-Account des Erzeugers. Und es ist verblüffend, wie einfach sich etwas herstellen lässt, das so göttlich schmeckt und sich äußerst vielfältig einsetzen lässt.

Man nehme: Ein Bündel junger Knoblauch wird gewaschen und geputzt, also von Wurzeln und ausgeblichenen Spitzen befreit. Es genügt dann, ihn in grobe Stücke zu zerteilen und diese in einen hohen Rührbecher zu füllen. Dazu kommt Salz. Ich nehme hierfür gern ein etwas gröberes Meersalz. Bei der Menge empfehle ich, sich heranzutasten. Die Paste sollte schon würzig schmecken, aber nachsalzen kann man immer noch. Hinzu kommt dann das Öl. Zum Knoblauch passt ein mildes Olivenöl. Es darf nicht zu kräftig sein, weil es sonst den Knoblauch unschön dominiert. Hat man kein mildes Olivenöl zur Hand, kann man auch ein anderes Pflanzenöl nehmen. Es gibt überraschend viele Ölmühlen in Deutschland. Ein Blick auf das Angebot abseits der bekannten Marken lohnt sich.

Nun hat man also Knoblauchstücke, Salz und Öl im Rührbecher. Dort hinein hält man einen Pürierstab und mixt alles zu einer cremigen Paste. Die Menge des Öls entscheidet über die Beschaffenheit der Paste. Ob man sie nun fester oder flüssiger haben möchte, ist jedem selbst überlassen. Am Ende probiert man am besten, ob einem die Menge an Salz angenehm ist.

Die Knoblauchpaste ist vielseitig einsetzbar: Ob zu Pasta, Kartoffeln oder Fleisch, zu Grillgemüse, zu Käse oder einfach aufs Brot. Überall da, wo man normalerweise Knoblauch verwenden würde, und zu vielem, wo reiner Knoblauch vielleicht zu stark wäre.

Die Paste fülle ich in kleine saubere Schraubgläser, gebe obenauf eine Schicht Öl zur Konservierung und stelle sie an einen kühlen, dunklen Ort. Man muss darauf achten, dass die Ränder sauber sind und alles gut von Öl bedeckt ist. Dann hält die Paste lange – vermutlich. Für einen Langzeittest waren die Gläser bei uns bisher viel zu rasch geleert. Außerdem ist die Knoblauchpaste ein schönes Mitbringsel.

Was die Vampire dazu sagen? Hier wurden schon länger keine gesehen …

STACHELBEEREN

Die Schale mit den grünlich gelben, flauschigen Früchten wandert in den Beutel zu den Kirschen, Gurken und Bohnen. Ich verabschiede mich glücklich von der Marktfrau. Donnerwetter, ich habe Stachelbeeren!

Meine Eltern hatten einen großen Garten. Wiesen, Blumen, zwei Apfelbäume, einen Zwetschgenbaum, Sträucher mit Brombeeren, Johannisbeeren und Stachelbeeren. Drumherum Kuhwiesen. Dorfleben. Irgendjemand mähte immer seinen Rasen. In der Ferne das Brummen eines Traktors. Hier und da ein Muh. Die nahe Bundesstraße war noch wenig befahren. Am Geräusch der bremsenden und beschleunigenden Autos konnte man sofort erkennen, wer unterwegs war. Über den Feldern der Ruf des Mäusebussards, im Gras das Zirpen der Grillen. Es duftet nach der Mahd, die auf den Wiesen trocknet. Wenn ich Stachelbeeren esse, blitzt für Momente wieder das Gefühl von damals auf, die Bilder eines endlos scheinenden Sommers, sonnendurchleuchtete Tage, die nur durch Rufe zu den Tischmahlzeiten unterbrochen wurden.

Während die Äpfel ins Mus und die Zwetschgen auf Blechkuchen wanderten, kann ich mich nicht erinnern, dass die Johannisbeeren und die Stachelbeeren anderswo landeten als vom Strauch auf direktem Wege in meinem Mund. Aus den Brombeeren machte meine Mutter Sirup und Gelee. Vielleicht habe ich verdrängt, dass jemand einen Teil der roten und gelben Früchte für Marmeladen oder Kuchen abzweigte, bevor ich sie alle aufgegessen hatte? Die Vögel taten es mir gleich. Nebenan, im Garten meiner Großmutter, hatten weder die Vögel noch ich eine Chance. Sie spannte ein dichtgewebtes Netz über ihren Johannisbeerstrauch, der alle Naschkatzen fernhielt, ob gefiedert oder auf zwei Beinen.

Ich sehe mich draußen im Grünen umhergaloppieren, hopp-di-hopp, in meiner Fantasie abwechselnd ungestümes Pferd oder mutige Reiterin. In der Hand ein abgebrochener Haselzweig, mit dem ich das Pferdchen in mir antrieb und im nächsten Moment war er mein Degen im Kampf um Gerechtigkeit. Ab und zu wanderte eine Stachelbeere in meinen Mund. Flaumige Früchte mit einem etwas fiesen Blütenstand. Den kniff ich mit den Fingern ab. Biss ich in die Frucht, platzte die Stachelbeere auf und fruchtige Kerne und die gelbe Süße des Fruchtfleischs lagen auf der Zunge. Das Häutchen lutschte ich hingebungsvoll und sauerqietschfreudig.

Mein Kopf ist voller Geschichten von damals: Vom Pferd und von der Reiterin wurde ich zu Zorro, Robin Hood, Winnetou, zur verschleppten Königstochter, zum verwunschenen Prinzen, zur Plantagenarbeiterin, unterjocht und als einzige Nahrung hin und wieder eine Beere. Da half nur die Flucht, natürlich auf dem Pferd, das ich mir fangen und zähmen musste, und im Handumdrehen war ich das wilde Ross selbst, dass sich seine Freiheit zurückeroberte und hoch erhobenen Hauptes bockspringend über die Wiesen trabte.

Den Mund voller Stachelbeeren lache ich in mich hinein. Ich las einmal, dass wir beim Erzählen unsere Erinnerungen neu formen. Was davon sich genauso abgespielt hat. Wer weiß das schon? Wenn wir aus dem Gedächtnis über Erlebtes berichten, einigen wir uns vielleicht auf nur eine Version. Manchmal schüttelt man den Kopf, weil der andere alles ganz falsch zu erinnern scheint. Ich lasse eine weitere Stachelbeere in meinem Mund zerplatzen. Sie sind schon etwas zu reif und die Farbe stimmt auch nicht ganz, oder? Schmeckten sie nicht damals anders? Waren es nicht ohnehin die rubinroten Johannisbeeren, die ich am liebsten mochte?

»Erinnerung ist eine Form der Begegnung, Vergessen ist eine Form von Freiheit.«, schrieb einst der libanesische Dichter Khalil Gibran. Die Sträucher mit den Stachelbeeren sind, wie die Apfelbäume und der Zwetschgenbaum, längst verschwunden, die Großeltern nebenan schon lange tot, die Erinnerung an das Kind, das ich war, sind Geschichten geworden, erzählt in einem Land zwischen Dichtung und Wahrheit. Was wahr ist: Inzwischen stehen andere Bäume im Garten. Auch sie sind schon wieder sehr groß. Einzig die Brombeeren sind noch da. Doch kein Apfelbaum, kein Zwetschgenbaum, kein Johannisbeerstrauch, keiner mit Stachelbeeren. Es sind neue Bäume und andere Geschichten, die eines Tages von jemand anderem erzählt werden

Region, Urlaub und Liebe

ANDERS EINKAUFEN

Es gibt beim Kochen keine Garantie, dass man mit Zutaten guter Qualität auch zwingend etwas Gutes hinbekommt. Ohne Üben, oft kochen, viel essen und konzentriert hinschmecken geht es nicht. Zum Üben gehören Fehler, gehört das Scheitern. Aber eins lässt sich mit Garantie sagen: Aus schlechten Zutaten lässt sich schwerlich etwas Gutes kochen.

Doch was sind schlechte Zutaten? Manches mag Geschmackssache sein. Aber ich staune oft, von welch minderwertiger Qualität Lebensmittel in deutschen Supermärkten und Discountern sind. Vielleicht ist es auch ein Phänomen unserer Stadt, die von einem Handelskonzern dominiert wird. Dass Obst und Gemüse dort angedötscht sind oder schon nach dem Kauf schimmeln, wundert nicht, wenn man sieht, wie nachlässig sie in die Kisten geworfen werden. Wie gesagt: Das mag von Ort zu Ort und von Supermarkt zu Supermarkt sehr unterschiedlich sein. In Deutschland wird im europäischen Vergleich wenig Geld für Lebensmittel ausgegeben, während zugleich viel weggeworfen wird. Was klingt, als würden sich diese beiden Fakten widersprechen, ist in sich durchaus schlüssig.

Es geht auch anders. Insbesondere in Städten gibt es immer mehr Möglichkeiten, Lebensmittel direkt bei Erzeuger*innen aus der Region zu kaufen. Ob in Form von Gemüsekisten, auf Märkten, über Direktvermarktung oder in temporären Hofläden in der Stadt, in Unverpackt- und Bio-Läden. Auch manche Supermärkte bieten inzwischen Produkte von lokalen Erzeuger*innen an. Im ländlichen Raum kann man das Glück haben, in einer Gegend zu leben, in der sich Hofläden finden. Dort erhält man Fleisch, Milch und Käse, Eier oder auch Gemüse und Obst.

Ich habe lange Zeit meine Einkäufe hauptsächlich in Supermärkten und Discountern erledigt. Der Weg auf den

Markt erschien mir unbequem und zeitintensiv. Zumal ich über Jahre hinweg in eine andere Stadt pendelte und Märkte in der Regel vormittags stattfinden. Und es gab für mich zunächst wenige Gründe, etwas zu ändern. Zwar war nach dem Einkauf oft ein großer Haufen Plastik zu entsorgen, aber aus den Augen, aus dem Sinn. Dass Gemüse und Obst oft schon am nächsten Tag gammelten und Kräuter mir nach der Entnahme aus dem Plastik wie Ohnmächtige entgegenfielen, das Brot schon am Tag nach dem Kauf trocken war und seltsam chemisch roch, all das nahm ich hin. Gut, ich ärgerte mich oft über den schlechten Zustand der Produkte. Dachte mit einem unguten Gefühl an die langen Transportwege und die Bedingungen industrialisierter Produktion von Lebensmitteln. Aber all das war nicht ausreichend, um etwas zu ändern. Die Bequemlichkeit war stark in mir.

Den Ausschlag, anders einzukaufen, gab eine TV-Dokumentation über die Arbeitsbedingungen in Italien und insbesondere Spanien, wo Menschen meine Lieblingsgemüse ernteten: Tomaten, Gurken und Paprika. Das Gemüse ist in den Supermärkten und Discountern das ganze Jahr über zuverlässig und günstig zu haben. Doch zu welchem Preis?

In dieser Dokumentation sah ich, wie diese Verfügbarkeit ermöglicht wird: Menschen rackern sich ab, wohnen in erschütternd schlechten Verhältnissen, werden um ihren geringen Lohn gebracht, werden erniedrigt und sind Gewalt ausgesetzt. Ich sah Menschen, die aus ihrem Land geflüchtet sind, vor Krieg, Gewalt und Armut. Ich sah ihre Not, ihr Elend, ihre Verzweiflung. Ich sah ihre von den Pestiziden verätzten Hände. Ich sah Menschen, die in sklavenähnlichen Arbeitsverhältnissen ausgebeutet werden. Damit ich das ganze Jahr über Tomaten und Paprika kaufen kann, transportiert nach Deutschland und säuberlich in Plastik eingepackt.

Die Transportwege, die Autobahnen voll mit Kühltransportern, die brutal zugebaute Landschaft in Spanien, einer äußerst wasserarmen Gegend, wo Gemüseplantagen mit kostbarem Wasser getränkt werden.

Dieser Preis ist mir zu hoch. Schon eine Woche später nahm ich meine wöchentlichen Besuche auf dem ökologischen Wochenmarkt in meinem Stadtviertel auf, kaufte mein Gemüse bei Erzeugern aus der Region und hielt gleich auch Ausschau nach Bäckereien, die mit Sauerteig und in Handarbeit Brot backten. Ich kaufe möglichst Produkte ohne Verpackung, in der Menge, in der ich sie benötige, und vorzugsweise das, was die Saison hergab. Einige Zeit später begann ich, über einen Direktvermarkter Erzeugnisse aus der Region zu bestellen, die ich einmal wöchentlich am Abend mit dem Fahrrad an einer nahegelegenen Verteilerstelle abhole.

Die erste und direkte Folge war, dass deutlich weniger Abfall anfiel, ob Plastik oder später beim Verarbeiten der Lebensmittel. Denn Obst und Gemüse, das zwischen Ernte und Verwendung nur selten angefasst wird und kurze Transportwege hat, ist weniger beschädigt und bleibt länger frisch. Das bedeutet indirekt auch weniger Zusatzmittel: Frischware in Plastikverpackungen etwa wird oftmals begast, damit sie länger haltbar bleibt. Die Züchtungen setzen eher auf Transporteigenschaften und Haltbarkeit, weniger auf Geschmack.

Eine weitere Folge war, dass ich die Menschen kennenlernte, die das produzierten, wofür ich ihnen mein Geld gab. Auf diesem Weg landet das Geld ohne Verluste dort, wo die Arbeit gemacht wurde. Nun bedeutet das nicht, dass ich nicht um den Wert von Supermärkten und Lebensmittelgeschäften wüsste. Würde ich all meine Lebensmittel direkt bei den Erzeuger*innen kaufen wollen, käme ich zu nichts anderem mehr.

Ich werde mit einem veränderten Einkaufsverhalten auch nicht die Welt in Gänze verändern. Aber ich verändere in diesem Moment die Welt für zwei, drei Erzeuger*innen, die durch direkte Vermarktung mehr Geld für ihre Arbeit bekommen, sicherer kalkulieren können und auch Gemüse und Obst verkaufen dürfen, das nicht den oft unsinnigen Maßgaben der Supermärkte entspricht. Was bleibt, sind die Forderungen an die Politik, die mit ihren Entscheidungen Einfluss nehmen auf die Art und Weise, wie wir uns ernähren, wie Lebensmittel angebaut werden und wie der Boden, der uns hierfür zur Verfügung steht, so genutzt werden kann, dass uns diese Welt nicht um die Ohren fliegt.

Wie es den Menschen bei der Erzeugung der Lebensmittel geht, wie die Lebensmittel behandelt werden: All das schmeckt man meiner Meinung nach. Und man sieht und riecht es, wenn man die Zutaten vor sich ausbreitet, aus denen man etwas kochen möchte.

IST GRÜN, SCHMECKT GRÜN

Winter ist Grünkohlzeit. Grünkohl ist ein Gemüse, das mich seit meiner Kindheit begleitet und mir nicht nur schmeckt, sondern mich auch in jeder Hinsicht wärmt. Ich war, wie meine Geschwister, ein gut bekochtes Kind. Dass ich zugleich eine wählerische Esserin war, die das Meiste aus Mutters Küche ablehnte, sobald es nicht mehr roh war, stellte ein eigentümliches Missverhältnis dar. Vielleicht ist das ein Merkmal von Privilegierten, ein Privileg ablehnen zu können, ohne Konsequenzen fürchten zu müssen.

Grünkohl aber mochte ich, auch wenn er gekocht war. Während ich nach wie vor die Kartoffelstücke roh stibitzte und mir die Mettwurst separat und nicht erwärmt erbat, liebte ich den Grünkohl, so wie er war, nach Winter und Wärme schmeckend, nach Draußen, nach rauen Frostnächten auf den Feldern. Sein Duft lag über Stunden im Haus und nährte meine Vorfreude. Und das ist sogar heute noch so.

Natürlich muss es mit Beginn der Saison den Grünkohl ganz klassisch mit Mettwurst und Kartoffeln geben, mit etwas Senf und einigen Haferflocken zum Binden des Suds. In manchen Gegenden gibt es noch Kassler oder Pinkel dazu. Die berühmte Pinkel ist eine Wurst aus Speck und Hafergrütze. Sie ist offenkundig nur im Norden Deutschlands zu haben. Glückliche Menschen kennen Jemanden, dessen Mutter Pinkel per Paket versendet.

Man kann ihn auch sehr gut in einer vegetarischen Variante kochen. Grünkohl ist ein unschlagbares Essen für die große Runde. Was indes, wie bei anderen Eintopfgerichten, schwierig ist: Kleine Portionen zu kochen. Im Zweifel friert man den Rest ein. Denn Grünkohl braucht Zeit und manchmal ist man froh, wenn man ihn einfach aus dem

Tiefkühlfach holen kann. Aufgetaut und wieder aufgewärmt schmeckt er sogar noch besser. Das hat er mit anderen Kohlsorten gemeinsam, wovon schon Wilhelm Busch
zu erzählen wusste:

Eben geht mit einem Teller
Witwe Bolte in den Keller,
Daß sie von dem Sauerkohle
Eine Portion sich hole,
Wofür sie besonders schwärmt,
Wenn er wieder aufgewärmt.

Lange Zeit hieß es, dass man Grünkohl erst nach dem
ersten Frost essen kann. Niedrige Temperaturen sorgen
dafür, dass die Kohlpflanzen mehr Zucker als Stärke pro-
duzieren und die Bitterstoffe daher abnehmen. Es gibt aber
auch Sorten, die in frostarmen Gegenden angebaut werden, die man durchaus früher essen kann. Einige davon
passen sogar gut in Salate.

Wer kann, sollte frischen Grünkohl z. B. auf dem Markt
kaufen. Es gibt ihn zwar auch bereits geschreddert in Tü-
ten, doch er wird oft mit den holzig-fasrigen Stielen zerkleinert. Putzt man den Grünkohl von Hand, kann man die
rüschigen Blätter gleich entstielen. Er wird dadurch un-
gleich zarter um Biss. Tiefkühl-Grünkohl oder Grünkohl
aus dem Glas ist eine Alternative und das sogar ganzjährig,
falls es einen im tiefsten Sommer plötzlich nach diesem
Wintergemüse gelüsten sollte. Aber das Waschen und Zer-
legen des voluminösen Grünkohls ist eine Zeremonie für
sich, auf die zumindest ich ungern verzichte.

Neben dem Grünkohleintopf gibt es noch viele weitere
Rezepte mit Grünkohl. In feine Streifen geschnitten passt
er in bunte Salate oder in Blattsalate.

Auch für Kohlrouladen eignet sich Grünkohl. Oder man macht ein Grünkohlpesto, am besten gleich auf Vorrat. Je nach Verträglichkeit kann man den Grünkohl roh verwenden oder blanchiert. Ich nehme für die Zubereitung des Pestos einen hohen Messbecher und einen Pürierstab. Ich röste Haselnüsse und lasse sie abkühlen. Dazu gebe ich grob gehackten Grünkohl, den ich vorher gewaschen und von den Stielen befreit habe. Was braucht es noch? Knoblauchzehen, eher zwei als vier, und den Saft einer halben Zitrone, vielleicht noch etwas weißen Balsamico. Dann gieße ich ein mildes Olivenöl hinzu. Auch anderes Pflanzenöl eignet sich. Wer hat, fügt einige Tropfen Walnussöl hinzu. Ein wenig Honig rundet das Pesto ab. Wenn man Tannen- oder Akazienhonig zur Hand hat: Der passt ausgezeichnet. Und dann folgt das Übliche für ein Pesto: Parmesan, Salz, Pfeffer. Das Grünkohlpesto wird überraschend wenig »kohlig«. Es schmeckt herrlich grün und frisch.

Am schnellsten und einfachsten kommt Grünkohl als schlichtes Gemüse auf den Teller, kurz in Salzwasser blanchiert, etwas Sojasauce und geröstete Sesamkerne untergemischt. Dazu passt Reis.

Und während ich vom Grünkohl schreibe, scheint hier gerade die Sonne. Es ist ein warmer Tag. Noch zirpen die Mauersegler über den Dächern der Stadt. Und in diesem Augenblick freue ich mich auf die ersten kalten Winterabende und auf dem Herd ein Grünkohleintopf. Mahlzeit!

MARKTTAG

Schuhe an. Jacke an. Wo ist der Schlüssel? Ist das Portemonnaie in der Jacke? Ah, eine geräumige Tasche. Tür auf, Tür zu. Mein erster Blick geht immer zum Himmel: Wolken ziehen rasch vorüber. Einige Blätter schlittern auf dem Bürgersteig vorbei. Der Wind riecht nach Herbst. Menschen eilen vorüber. Ein kleines Mädchen fährt munter juchzend auf ihrem winzigen Rädchen vorbei. Ein Vater hechtet hinterher. Ich folge den beiden, denn ihr Weg führt zum Markt. Der Markt ist klein: Fünf, manchmal sechs Wagen und Stände drängen sich auf einem Platz unter der gütig wachenden Kölner Agneskirche. Ein Aufsteller weist auf die Öffnungszeiten des Ökomarkts hin, verbunden mit der Bitte um die Einhaltung der aktuellen Corona-Regeln.

Die Schlange am Brotwagen ist lang. Links der Wagen mit Bio-Fleisch. Mein Ziel ist der Stand mit Obst und Gemüse von einem Gemüsehof unweit der Stadt. Wenn ich die rot-weiß-gestreiften Zeltwände sehe, die den Stand und seine Mitarbeiter*innen vor Wind und Kälte schützen, bekomme ich gleich gute Laune. Auf dem Boden finden sich in neongelber Farbe die Markierungshilfen für die Schlange. Die Pandemie hat uns neu sortiert. Manches ist einfacher geworden, etwa das Stehen in einer Schlange. Man lässt sich Platz, hält vielleicht einen kurzen Schwatz. Man weiß, dass man dran ist, wenn es heißt: »Die Nächste, bitte!«

Das Angebot in den Auslagen mit den Augen abklappernd gehe ich nochmal meine Einkaufsliste durch und gleiche sie ab. Möhren, Knoblauch, Schalotten, Kräuter. Eine Sellerieknolle und einige Stangen Lauch. Der Wirsing sieht gut aus. Bunter Mangold, mmh. Die Marktverkäuferin legt mir alles vorsichtig und unverpackt in meine Tasche. Oh, was ist das denn da? Schwarzkohl, erfahre ich später. Oder auch Palmkohl und Cavolo nero genannt. Turmhoch überragt er mich und sieht ganz wunderbar verrückt aus. Ich bin entzückt. Der muss mit. Im Kopf tausche ich rasch einiges auf der Einkaufsliste aus gegen das, was heute besonders gut aussieht oder woran ich nicht gedacht hatte.

Mit der Marktverkäuferin verliere ich mich in einer Schwärmerei über Kopfsalat. Weder sie noch ich mochten den früher. Aber wenn man ihn einmal frisch vom Feld hatte, weiß man, was für eine Delikatesse das sein kann. Ich bin spät dran und für einen Moment sieht es so aus, als müsse ich heute ohne grünen Salat nach Hause gehen. Die Lattiche sind mittags oft schon aus, weil der Gemüsehof versucht, die Mengen so zu planen, dass wenigstens von den empfindlicheren Gemüsesorten nichts wieder eingepackt werden muss. Doch dann findet sich noch ein kleiner Kopf in einer Kiste. Ich Glückskind bekomme ihn sogar zum halben Preis, weil er ein Mickerling ist. Mein Mickerling! Ich strahle ihn an und lege ihn behutsam in die große Tasche obenauf.

Die Agneskirche läutet zur Mittagsstunde. Da hinten, mein Nachbar! Huhu, Herr Nachbar. Wir winken uns zu. Ich wedle mit dem Schwarzkohl. Er guckt verblüfft und wird später fragen, ob ich einen Baum gekauft habe. Ich zahle und verabschiede mich. In solchen Momenten muss ich immer noch an meinen ersten Marktbesuch denken: Es war Weiberfastnacht und der Marktverkäufer an diesem Stand trug ein Schafskostüm. Er blökte mich lustig an und ich wusste: Hierhin komme ich nun öfter. Mäh!

BROT UND KUCHEN

Gerne nach Hause zu kommen – das ist ein großes Geschenk.« Unsere Blicke treffen sich. Wir lächeln einander zu. Dabei will ich nur rasch ein Brot kaufen. Ich bin auf dem Rückweg vom Reitstall, hungrig und müde. Und auch wenn diese Bäckerei auf dem Weg liegt, kaufe ich hier selten etwas. Hin und wieder eine der köstlichen Buchteln. Heute aber kommt es mir gut zupass. Mein Magen will nicht warten. Mein Magen will Brot.

Ich trage also mein Sätzlein vor und bitte die Bäckersfrau um eins ihrer Brote. Sie mustert mich kurz und schlägt mir ein Roggenbrot vor. Lieber das mit der dicken Kruste oder eins, das herzhaft vom Geschmack her ist? Herzhaft, wunderbar. Ob es noch etwas sein dürfe? Sie habe Kirschstreusel da, ganz frisch, mit Hefeteig, wie sich das gehöre. Oh, ja bitte! Als ich ihr sage, sie solle doch bitte noch ein Stück dazutun, für den Mann, der möge so gern Kirschkuchen, da strahlt sie mich an.

Die Zeit hält an. Wir landen in einem Gespräch darüber, was für ein Glück es doch sei, wenn man aneinander denke, dem anderen gern mit Kleinigkeiten eine Freude mache und wie oft doch Menschen dazu neigen, ein solches Glück nicht mehr wahrzunehmen. Und dann wird jemand krank oder stirbt oder verliebt sich anders und man bedauert es. Und auch sich selbst eine Freude zu bereiten, daran denke man doch noch viel seltener. Denn selbst wenn man niemanden hat, sei das nur die halbe Wahrheit: Man habe doch immer noch sich selbst. Jemand, um den es sich zu kümmern lohnt. Jemand, dem man Kirschstreusel mitbringen kann.

»Gerne nach Hause zu kommen – das ist ein großes Geschenk.«

Wir sehen einander in großem Einvernehmen an und fühlen uns beide in diesem Augenblick vom Leben beschenkt. Ich auf jeden Fall. Und während sie Brot und Kuchen für mich einpackt und ich die Geldübergabe vorbereite, frage ich sie, ob sie denn in den nächsten Tagen ordentlich feiere. Denn Karneval stand kurz bevor. Die Bäckerei war bereits entsprechend präpariert, mit Ballons und bunten Luftschlangen. Sie hält inne und zeigt auf einen Zettel, der direkt vor meiner Nase lag. Die Bäckerei schließt. Seit 1960 stehe die Bäckersfrau im Laden, sagt sie, und nun sei Schluss.

Eine Mischung aus steigenden Mieten und Alter der Inhaber sei wohl der Grund. Wir zählen einander auf, welche und wie viele Läden im Viertel in den letzten Jahren dichtgemacht haben. Viele. Genau aus diesen Gründen. Inhabergeführte Läden, viele gute, einige waren einfach seit Jahrzehnten da. Oftmals gehörte den Ladenbetreibern das Haus. Sie wohnten im Viertel und lebten Nachbarschaft. Nun gehören die Häuser Investmentunternehmen oder den Kindern der einstigen Hauseigentümer. Kaum einer von ihnen lebt hier. Die Gentrifizierung tut ihr übriges. Die Mieten steigen. Die Zeiten ändern sich. Aufhören zu arbeiten will die Bäckersfrau aber nicht. Sie brauche das Publikum, lacht sie. Am Freitag werde nochmal richtig miteinander gefeiert. Danach schaue sie mal. Sie sei zuversichtlich und traurig zugleich. Ich wünsche ihr von Herzen alles Gute.

Zuhause schmiere ich mir eine Stulle. Das Brot schmeckt gut wie selten. Einer kommt nach Hause und freut sich über den Kirschstreusel. Es gibt andere Bäckereien im Viertel. Aber diese Bäckerei wird fehlen.

Gewidmet der Bäckerei und »Kaffeebud« Kohlenbeck in der Weißenburgstraße 62, geschlossen nach 110-jährigem Bestehen am Aschermittwoch 2017.

PLAT DU JOUR

Vor nicht allzu langer Zeit war ich in Südfrankreich. Für Verfressene ein Paradies mit seinen Erzeugermärkten, auf denen man sich aus Ziegenkäse, Oliven, Aprikosen, Tomaten und Baguette im Handumdrehen ein köstliches Mahl zusammenstellen kann. Oder man isst etwas in einem der vielen kleinen Restaurants und Bistros. In den meisten Regionen Frankreichs wird nach wie vor eine ausführliche Pause zur Mittagszeit gepflegt. Gerade im Süden erscheint mir das auch sehr sinnvoll, denn im Sommer legt die brütende Hitze nahe, dass man mit Aktivitäten später am Tage fortfährt. Man widmet sich lieber dem Essen. Ab 12 Uhr werden die Tische eingedeckt, oft so schlicht wie liebevoll. Wer nur einen Kaffee oder eine Limonade trinken möchte, muss sich einen der Tische auswählen, die nicht eingedeckt sind. Am besten wartet man aber ohnehin auf den Wirt oder die Wirtin und lässt sich einen Platz zuweisen. So gehört sich das.

Gedruckte Speisekarten findet man in den einfachen Lokalen selten. Die ein oder zwei Tagesgerichte werden mit Kreide auf Tafeln geschrieben. Darauf steht auch, was man als Vorspeise und Dessert wählen kann. Man findet für um die 15 Euro das dreigängige Menü, aber man kann auch zwei Gänge oder lediglich das Tagesgericht wählen. Und zahlt entsprechend weniger. Gerade in den ländlichen Regionen scheint mir das Gläschen Rosé oder Weißwein nach wie vor üblich, zumal es in Weinanbauregionen oft neben der kleinen Tasse Kaffee das günstigste Getränk ist. Das alles sind aber natürlich verklärte Wahrnehmungen einer ins Land verknallten Touristin, die sich mit Vorliebe abseits touristischer Hotspots in der französischen Provinz aufhält. Dass es um die Kultur des Kochens und Speisens auch in Frankreich nicht überall zum Besten steht, kann man an den Schnellrestaurants einschlägig bekannter Ketten in den gewaltigen Gewerbegebieten der Banlieue ebenso erkennen wie an den vielen Fertiggerichten in den gigantischen Supermärkten.

Wer nun beim Drei-Gänge-Menü an üppige Speisefolgen und anschließendes Fresskoma denkt, liegt falsch. Meist gibt es etwas Regionales, ein paar Blätter Salat mit einer Vinaigrette, ein Stück Melone mit Schinken, etwas Pastete oder Gemüse vom örtlichen Erzeuger vorab, dann ein einfaches Gericht aus Fleisch oder Fisch mit einer Beilage. Angeboten wird alles vom Tier, also Nose to tail, etwa Andouillette, eine Wurst aus Innereien. Häufig jedoch finden sich Klassiker wie Steak Frites oder Steak Haché. Letzteres ist ein oval geformtes Stück ungewürztes Rinderhack. Mit Steak wird schlicht ein übersichtliches Stück Rindfleisch bezeichnet, kurzgebraten und ohne Chi-Chi. Käse als Dessert findet man ebenso oft wie eine Kugel Eis oder ein Stück Tarte mit Früchten oder Nüssen der Region. Nach dem »p'tit noir« (kleinen Kaffee) steht man gesättigt, aber nicht übersättigt auf und kann sich dem Nachmittag widmen: bon après-midi!

Das alles gibt es in unterschiedlicher Güte, aber oft findet man auch in unscheinbaren Lokalitäten überraschend gutes Essen. Es gilt gut statt viel auf dem Teller. Der Umgang mit Lebensmitteln ist in Frankreich immer noch ein anderer als in Deutschland. Man gibt mehr Geld aus für Essen und Trinken. Selbst in den Supermärkten lassen sich regionale Produkte und zunehmend solche in Bio-Qualität finden. Je abgelegener eine Gegend, desto mehr Nutzgärten sieht man. Untereinander wird viel Tauschhandel betrieben. Mancherorts macht man angesichts hoher Lebensmittelpreise aus der Not eine Tugend.

Nach jedem Frankreichurlaub kehre ich beseelt und voller guter Vorsätze zurück: Ab sofort gibt es auch in der Heimbürokantine zwei oder drei Gänge! Wie es sich für Vorsätze gehört, scheitern sie meist. Vielleicht ändert sich das, wenn ich mein Scheitern hier nun benenne? Manches bedarf nur einer anderen Verteilung, den Salat also als Entrée und nicht zum Essen, eine vielseitig einsetzbare Brühe nicht nur zum Wochenende oder etwas aufgeschnittenes Gemüse mit Olivenöl, Petersilie und Knoblauch, dann das »Tagesgericht«. Als Dessertverächterin kommt mir der dritte Gang am ehesten als verzichtbar vor, aber womöglich könnte ein Eis im Gefrierfach meine Meinung ändern.

Eher selten finde ich diese Angebote eines einfachen Zwei- oder Drei-Gänge-Menüs in Deutschland. Die Gerichte sind abseits der Sterne-Restaurants auf einen vollen und sattmachenden Teller ausgelegt. Wer sich todesmutig eine Vorspeise oder ein Dessert dazu bestellt, den erwartet ein Nachmittag mit glasigen Augen und blutleerem Hirn. Oft ist die Mittagspause nicht mal eine Stunde lang, eher Dreiviertelstunde, manchmal sogar nur eine halbe. Zu knapp, um sich in Ruhe einer Mahlzeit zu widmen. Unvorstellbar, dass das öffentliche Leben für zwei Stunden zum Erliegen kommt, weil man in Ruhe essen will. Immerhin ist in diesem Haushalt eine Stunde Mittagspause für die Heimbürokantine drin. Und eines Tages wird aus dem »Plat du jour« ein Menü!

Der Wein und die
Kunst des Kochens

EIN AUSFLUG NACH MAROKKO

Eigentlich ist es viel zu heiß zum Kochen. Sachte rinnt mir der Schweiß den Rücken hinab, während ich Hähnchenschenkel, Paprikaschoten, Schalotten, Knoblauch, glattblättrige Petersilie, einige Kirschtomaten und grüne Bohnen vor mir auf der Arbeitsplatte ausbreite. Die Mandeln habe ich schon gehäutet, indem ich sie in heißem Wasser einweichte und sie aus ihren locker gewordenen Pellen flutschen ließ. Die gelben Rosinen gibt's im türkischen Supermarkt und ich mag ihre schöne Farbe. Sie schmecken etwas säuerlicher und fruchtiger als die braunen. Rosinen im Kuchen? Niemals. Aber in herzhaften Gerichten schmecken sie mir. Den Couscous gebe ich gleich in eine kleine Schüssel, um wenigstens kurz meine Finger darin zu vergraben. Kühle Perlen. Ich stelle die Gewürze bereit: Kreuzkümmel, Kurkuma, Koriander, Schwarzkümmel, Chiliflocken, Paprika, Pfeffer, Senfsaat, Fenchel, Zimt, Kardamom, frischen Ingwer und Salz. Es gibt auch gute Mischungen, so dass man nicht unbedingt alle Gewürze vorrätig haben muss. Ras el Hanout etwa schätze ich sehr. Das ist eine nordafrikanische Mischung, in der viele der genannten Gewürze enthalten sind. Manchmal sind diese Mischungen auch sinnvoller, weil Gewürze nach einer Weile an Aroma verlieren oder gar muffig werden. Ich verwende beides, Gewürzmischungen und einzelne Gewürze – bevorzugt ungemahlen –, je nach Lust und Laune. Heute kommt aber der schwere Mörser zum Einsatz, denn die Körner und Saaten müssen zerkleinert und mit den anderen Gewürzen vermischt werden. Frisch gemahlen duften sie intensiv und vielschichtig. Je nach Tagesgeschmack variiere ich die Mischung. Bereits gemahlene Gewürze sind praktisch, verlieren jedoch an Aroma, vor allem, wenn man sie etwas länger im Regal stehen hat. Der Duft der Gewürze verbreitet sich in der Küche: Marokko liegt in der Luft!

Ich erinnere mich an einen Abend in Paris, im Quartier de Montparnasse, wo wir in einem nordafrikanischen Restaurant einkehrten. Uns schien dieses Lokal in einer kleinen Seitengasse vertrauenerweckend untouristisch. Von außen wirkte es ein wenig düster und karg. Hier schienen eher Menschen unterwegs zu sein, die auch wirklich in diesem Stadtteil lebten. Wir wurden nicht enttäuscht: Es gab himmlische Speisen. Wir aßen Tajine mit Hähnchen, Mandeln, Aprikosen und Couscous. Köstlich!

Nach der Rückkehr wurde sogleich eine Tajine erworben, also das Kochgeschirr. Es stiftet hier und da Verwirrung, dass das Gericht genauso wie das tönerne Kochgeschirr heißt, in dem es zubereitet wird. Die Tajine ist ein seit Jahrhunderten verwendetes Kochgefäß, traditionell aus Lehm oder Ton, glasiert und unglasiert. Heutzutage gibt die Tajine auch aus Keramik oder Gusseisen. Man kann die Tajine im weitesten Sinne mit einem Römertopf vergleichen. Sie besteht aus zwei Teilen, einer meist runden halbhohen Schale und einem spitzen oder kegelförmigen Deckel. Durch eine Art Dampfsperre im Deckel, die zusätzlich mit Wasser gefüllt werden kann, entsteht ein Wasserkreislauf, so dass die Speisen im eigenen Saft garen. Das macht sie besonders aromatisch und schützt sie vor Austrocknung.

In der Heimbürokantine gibt's Marokkanisches momentan ohne Tajine, denn es gingen leider wegen unsachgemäßer Bedienung die Schalen gleich zweier Tajines zu Bruch. Was lernen wir daraus? Bedienungsanleitungen lesen kann hilfreich sein.

Kommen wir zu den Hähnchenschenkeln: Auch wenn man nichts einfriert, sind Gefrierbeutel höchst praktisch. Man kann in ihnen hervorragend etwas marinieren. Ich nehme eine kleine Schüssel, gebe Olivenöl, Honig und die Gewürze dazu und verrühre sie zu einer Marinade. Ab damit in den Beutel, die Hähnchenschenkel dazu, alles freundlich durchkneten und in den Kühlschrank. Statt Gefrierbeutel kann man auch eine Frischhaltedose verwenden oder eine Schüssel, die man im Kühlschrank abdeckt.

Ich schäle die Schalotten und schneide sie in Spalten. Ich schäle den Knoblauch und schneide ihn in Scheiben. Schälen. Schneiden. Ein meditativer Akt. Meine Hände tun Dinge, mein Kopf entspannt sich. Ich wasche die Paprikaschoten, Tomaten, Bohnen und die Petersilie.

Die Enden der grünen Bohnen kappe ich. Die Paprikaschoten halbiere ich, entferne Stiele, weiße Häute und Kerne. Bohnen und Paprikahälften schneide ich in mundgerechte Stücke. Die Kirschtomaten halbiere ich und schneide mit einem scharfen Schälmesserchen die weißen Stielenden aus den Tomatenhälften. Die Petersilie schleudere ich trocken und hacke sie nicht allzu fein. In einer Pfanne röste ich die Mandeln und hacke sie grob. Alles steht nun bunt und bereit neben dem Herd.

Für mich ist eine Tajine wie alle Schmortopfgerichte ein Wochenendessen. Meistens koche ich in aller Ruhe am Nachmittag. Dann kann man ohne schlechtes Gewissen schon mal etwas Wein in die Köchin gießen. Der berühmte Kochwein, in Gedanken einen Gruß an Alfred Biolek. An warmen Tagen gibt es eine Schorle mit gut gekühltem Weißwein oder Rosé, vielleicht mit einer gefrorenen Erdbeere darin. So viel Stil muss sein. Dann blickt man eine Weile in den Sommer und denkt sich was Schönes.

Inzwischen sollte etwa eine halbe Stunde vergangen sein, in der die Hähnchenschenkel mindestens marinieren konnten. Profis und wohlorganisierte Menschen geben sie schon am Tag vorher in die Marinade. Das Marinieren macht das Fleisch zart und herrlich würzig. Aber auch mit einer halben Stunde erreicht man schon etwas.

Weil die Tajine zu Bruch ging erhitze ich das Öl in einem Bräter und lege die Hähnchenschenkel hinein. Schön geduldig anbraten, bis sie von allen Seiten goldbraun sind.

Röststoffe sind Freunde! Salz, Pfeffer, Zwiebeln und Knoblauch dazu, weiterbraten, bis die Zwiebeln glasig sind. Dann gebe ich die Paprika- und Tomatenwürfel, die Bohnen sowie die gelben Rosinen hinzu. Nachdem alles Temperatur angenommen hat, lösche ich mit etwas Wein aus meinem Glas, gieße eine leichte Hühnerbrühe an und alles darf nun mit geschlossenem Deckel eine Runde schmoren. Je nach Größe der Hähnchenschenkel gibt man nach 30–40 Minuten den Instant-Couscous hinzu. Ich habe etwa eine Tasse voll genommen. An dieser Stelle sollte man abschmecken und gegebenenfalls nachwürzen. Ich liebe Kreuzkümmel, daher kommt davon heute noch ein wenig dazu. Außerdem etwas Tomatenmark und ein Löffel Aprikosenmarmelade, denn mir fehlte da noch etwas Fruchtig-Süß-Säuerliches. Vielleicht muss man zwischendurch auch Flüssigkeit nachgießen, denn das Gericht sollte recht »soßig« werden. So. Fertig. Anrichten. Petersilie drüberstreuen, ebenso die gerösteten Mandeln.

Was man im Nachgang noch machen kann, um die durch das Kochen glibberige Haut der Hähnchenschenkel wieder knusprig zu bekommen: Ofen heizen, Grill an und die Hähnchenschenkel aus dem Topf nehmen und etwa fünf Minuten unter den Grill stellen.

Draußen ist es immer noch heiß. Der Tag neigt sich dem Ende, das Licht wird gülden. Die Abendsonne blinkt durch den eiskalten Rosé zum Fenster herein. Dazu ein Essen, das nach Verreisen schmeckt, nach Anderswo. Zum Wohl!

»WIR SOFFEN UNS LANGSAM DEN FLUSS HINAB.«

Die Weltbühne war eine deutsche Wochenschrift für Politik, Kunst und Wirtschaft. Sie galt als das Forum für die intellektuelle und bürgerliche Linke der Weimarer Republik. 1929 unternahm einer der Herausgeber, Kurt Tucholsky, eine literarische Reise mit der Moseltalbahn, dem legendären »Saufbähnchen«. Er schrieb: »Wir soffen uns langsam den Fluss hinab, wir fuhren mit dem Saufbähnchen von Trier nach Bullay hinunter, und auf jeder dritten Station stiegen wir aus und sahen nach, wie es mit dem Weine wäre. Es war.«

Es ist ein wolkenverhangener Morgen. Wandertag! Zu Beginn führt uns die Route über eine Brücke. Dann folgen wir einem Wirtschaftsweg aus dem schattigen Grund auf die sonnigen Höhen über der Mosel. Die Erde dampft. Tagelanger Regen tränkte sie reichlich. Ich rieche Schiefer. Hinauf, weiter hinauf. Uff. Wie immer zu Beginn einer Wanderung randalieren Sätze in meinem Kopf, Sätze voller Zweifel, Widerwillen, Vorfreude. Endlich wieder wandern. Aber knackst da nicht ein Knie? Will ich ernsthaft einen ganzen Tag lang in der Gegend herumwandern? Hätte ich nicht lieber doch die anderen Socken anziehen sollen? Rutschen die etwa? Puh, wie lange geht's denn noch bergauf? Habe ich etwa jetzt schon Hunger? Ich gerate ins Schnaufen. Aushalten. Mich. Den Weg. Das Vorhaben. Die innere Mösserei.

Unversehens wird der Weg eben. Ich atme tief durch. Vor mir ein weiter Blick ins Tal des blau schimmernden Flusses. Mosel. Mosella. So nannten die Römer sie, was man in der Reisebeschreibung des Dichters Ausonius aus dem Jahr 371 nachlesen kann. Sie brachten vor über 2000 Jahren den Weinbau an die Mosel. Ich blicke auf die üppig grünen Weinberge, die neben Wiesen und Wäldern den blau leuchtenden Fluss säumen. Ein weißes Boot mit bunten Wimpeln schippert moselabwärts. Unter uns ein Ort, dessen höchster Punkt die Kirchturmspitze ist. An der Ecke parkt ein schmaler Trecker. Im Weinberg daneben wird gearbeitet. Wir winken hinüber, zwischen den Weinreben winkt es zurück.

Der Schritt wird leicht, federnd. Ich gehe so vor mich hin, nichts zu suchen war mein Sinn. Eine Eidechse wuselt vorbei. Ich stecke mir ein sonnenwarmes, glattes Schieferstück in die Hosentasche.

Nicht weit entfernt steht eine Bank. Es gibt Wein. Mein Mitwanderer hat vorgesorgt und schleppt doch tatsächlich im Rucksack gekühlten Wein aus just der Lage mit, die wir soeben durchwanderten. Nun habe ich nicht nur den Geruch nach Schiefer, Erde und Grün in der Nase, sondern auch auf der Zunge. Ich bin im Himmel.

Leicht angeschwipst gehen wir weiter. Der Schwips verfliegt allerdings rasch. Kilometer um Kilometer legen wir durch die Weinberge zurück. Elegant legt sich die Mosel in Schleifen. An jeder Kehre muss ich Fotos machen. Knips, knips, knips.

Die Randale im Kopf ist längst gewichen. Es geht nur noch um das Gehen, um das Sehen, um das Sein im Jetzt. Wenn sich auch allmählich die Beine melden. Die Füße. Zwischendurch durften sie aus den Wanderschuhen raus und durch den Sauerbrunnen waten. Nun treten erste Abnutzungserscheinungen auf. Die letzte Rast, der letzte Wein mit Blick auf unser Ziel.

Die letzten Kilometer legen wir hurtig zurück und lassen uns ächzend am Tisch einer Gaststätte nieder. Unter einem Baum in der Abendsonne, wieder auf Augenhöhe mit dem Fluss. Es war ein langer Wandertag. Ein Tag mit Freunden. Ein Tag in freundlicher Landschaft. Ein Tag mit der Landschaft auf der Zunge.

MARMELADE

Marmelade? Mit großen Augen sehe ich, wie der Koch neben mir beherzt einen Löffel voll Pflaumenmarmelade im Thai-Curry versenkt. Einer glücklichen Fügung ist es zu verdanken, dass ich für eine Weile die Wohnung neben der eines Kochs mit seiner Familie bewohnte. Sie hatten einen Säugling, der uns allen durchschriene Nächte bescherte. Die Wände waren dünn. Doch meine Nachbarn waren nett und wohl einfach froh, dass sie auf Mitgefühl und nicht auf Missmut stießen. Selbst unausgeschlafen und besorgt zu sein, reichte schon. Wir standen das als Hausgemeinschaft durch. Und so kam es, dass ich den Wunsch äußerte, mal mit meinem Nachbarn, dem Koch, zusammen zu kochen.

Es fiel etwa mit dem Zeitpunkt zusammen, an dem mein Interesse am Kochen wieder ernsthafter wurde. Eines Tages geht man sich doch selbst auf die Nerven, wenn man immer nur dasselbe kocht. Einen waschechten Koch ausfragen und ihm über die Schulter gucken zu können, war eine willkommene Gelegenheit, dem abzuhelfen. Ich wünschte mir etwas Asiatisches, weil ich das zwar gerne aß, aber keine Ahnung hatte, wie ich das kochen sollte. Das Internet war damals noch lange nicht so weit, dass ich darin Hilfe hätte finden können. Für ein Kochbuch fehlte mir damals die richtige Buchhandlung, in der ich um Rat fragen konnte.

Eines Abends fand ich mich also in der Küche der Nachbarn ein. Während wir schnibbelten, Zutaten vermischten und ich versuchte, mir jeden Handgriff des Kochs einzuprägen, passierte das mit der Marmelade. Auf meine differenzierte Frage hin (»Hä?«) erntete ich einen kleinen Vortrag über meine Geschmacksknospen, den Weg des Essens über die Zunge, Geschmacksträger und die Vielschichtigkeit der thailändischen Küche. Gefolgt von etwas Warenkunde und den Einsatzmöglichkeiten von Marmelade.

Das war mein Heureka-Moment beim Kochen. Seitdem klopfe ich beim Überlegen und Planen der nächsten Mahlzeit unwillkürlich die verschiedenen Geschmacksknospen ab, wähle zwei oder drei Geschmacksnoten aus, die ich ansprechen möchte, denke über Konsistenzen nach, über das Wunschmundgefühl, über Temperaturen und über die Weiterverwendbarkeit der Zutaten, die ich nicht gleich aufbrauchen werde. Ich koche einem Geschmack hinterher, den ich mir beim Betrachten der ausgewählten Zutaten vorstelle. Und komme dorthin, indem ich mich während des Kochens diesem Geschmack durch Hinzufügen oder Reduzieren annähere.

Dazu gehört auch, alle Lebensmittel einmal für sich allein zu schmecken und zu riechen. Welcher Geschmacksnote gehört an, was man da schmeckt, wie deute ich den Geruch? Wie ist die Beschaffenheit, wie verhält sich ein Produkt in Kontakt mit Flüssigkeiten wie Wasser oder Fett und im Verbund mit anderen Zutaten? Wie verändert sich sein Geschmack mit unterschiedlichen Gewürzen und Geschmacksträgern wie Knoblauch, Chilis oder Zitrone? Wie wirkt sich Lagerung auf Geschmack und Beschaffenheit aus? Daraus formen sich innere Bilder, die ich abrufen kann, wenn ich Lebensmittel sehe oder über sie nachdenke.

In verschiedenen Kochbüchern und im Internet kann man nachschlagen, in welchen Rezepten ein Produkt verwendet und womit es kombiniert wird. Warenkunde fasziniert mich. Ich lese sehr gern Kochbücher, insbesondere die, in denen auch von verschiedenen Küchenkulturen und Länderküchen erzählt wird. Oftmals ergeben Rezepte im historischen, saisonalen und regionalen Kontext Sinn. Identifiziert man bestimmte Gerichte als typische Rezepte der Resteküche oder aus Zeiten, in der man das in den Topf warf, was Natur und Jahreszeit gerade hergaben, versteht man nicht nur besser, was man kocht, sondern auch, was sich Menschen bei der Erfindung des Rezepts gedacht haben könnten.

Auf diese Weise das – wie benenne ich es am besten? – sinnliche Körpergedächtnis im wahrsten Sinne des Wortes zu füttern, macht freier im Kochen. Und dann ist der Griff zur Marmelade jenseits vom Frühstückstisch irgendwann normal. Denn wenn sie innerlich als »süß und fruchtig« abgespeichert ist, kann man sie überraschend oft beim Kochen verwenden.

MESSER

Ich ziehe meine Krallen ein, fasse die Zwiebel fester und schneide hauchdünne Scheiben. Zeit brauche ich dafür. Ich bin keine Profi-Köchin. Schneide ich zu schnell, werden nicht nur die Scheiben dicker, sondern ich bringe auch meine Finger in Gefahr. Denn das Messer ist scharf. Also wirklich scharf. Hin und wieder vergesse ich das, manchmal fehlt es an Ruhe und Konzentration – und zack, schon fließt Blut.

Die meisten Menschen, die ich kenne, haben Angst vor scharfen Messern. Nun ja, zu Recht. Wer schneidet sich schon gern? Aber es gibt kaum etwas, das einem das Kochen mehr vermiesen kann als eine schlechte Pfanne, ein unzuverlässiger Herd oder eben ein stumpfes Messer. Oder eins, das eine instabile Klinge hat, oft schon schartig vom ganzen Drücken und Hebeln statt Schneiden.

Man braucht im Grunde nicht viel, um in der Küche etwas zuzubereiten. Ein vernünftiges Messer aber ist eins der zentralen Werkzeuge.

Ein gutes Messer? Neulich sah ich eine französische Kochsendung, in der ein Sternekoch mit einem Schälmesserchen und einem Teelöffel herumhantierte. Wie sympathisch! Ich glaube, weil die rostfreien Schälmesserchen in der Küche meiner Mutter die einzigen waren, die wirklich scharf waren, greife ich unwillkürlich immer noch oft zu den kleinsten Messern im Haushalt. Die Macht der Gewohnheit, die ich in den letzten Jahren nach und nach zu brechen versuche. Ob es dem Sternekoch ähnlich ging? Ich erfahre, dass er aus einfachen Verhältnissen kommt. Vielleicht gab es da auch eher ein Schälmesserchen und kein solides Kochmesser.

Oft höre ich, dass man in der Küche nicht mehr als ein gutes Kochmesser benötige. Vermutlich gibt es Menschen, die mit einem einzigen Kochmesser glücklich und zufrieden sind. Ich bin froh, auf mehrere Größen und Formen zurückgreifen zu können. Favorit ist derzeit ein mittelgroßes Schinkenmesser, das sehr gut in meine nicht allzu große Hand passt. Eines passiert jedoch immer, sobald ein Messer neu im Haushalt einzieht: Ich bringe ein Blutopfer. Etwas Heidnisches in mir besteht offenbar auf diesem Ritual. Scharfe Messer haben immerhin den Vorteil, dass ihre Schnittwunden rascher heilen als die Schnittwunden stumpfer Messer. Gute Pflaster sollte man in passender Größe immer parat haben.

Ich habe über den Umweg meiner Reisen nach Frankreich realisiert, dass es unweit von Köln eine Stadt mit einer ebenso großen Tradition in der Herstellung von Messern gibt wie etwa in Laguiole oder Thiers in Zentralfrankreich: Solingen. Ihr Beiname »Klingenstadt« weist schon darauf hin – aber wie so oft, wenn das Gute so nah liegt, übersieht man es. In Solingen findet man etliche Hersteller von Messern und Scheren, die seit Generationen ansässig und weltweit für die Güte ihrer Produkte anerkannt sind. Der MesserGabelScherenMarkt im LVR-Industriemuseum in der ehemaligen Gesenkschmiede Hendrichs führte uns eines Tages erstmals nach Solingen, um in die Welt der Klingen einzutauchen. In den Räumen des Museums erfuhren wir, wie dort seit dem Ende des 19. Jahrhunderts bis 1986 Scherenrohlinge geschmiedet wurden. Es ist noch alles da: die Werkbänke, die Werkzeuge, die Maschinen, selbst die Umkleideräume mit den Spinden und die Waschräume für die Mitarbeiter. Gleich daneben steht die Villa der Fabrikantenfamilie. Wir erhielten einen fabelhaften Einblick in die lange Geschichte der Messerschmiedekunst im Bergischen Land.

Und da, wo einstmals geschmiedet wurde, stehen während des MesserGabelScherenMarkts Stände der in Solingen ansässigen Produzenten von Messern, Scheren und anderen Schneidwaren. Mittendrin stehen lange Tische, an denen gegessen wird, was das Museumsrestaurant kocht. Vor dem Museum stehen Messerschleifer, bei denen man gleich vor Ort seine Klingen schleifen lassen kann.

Ohne Messer geht hier kaum jemand nach Hause. Auch wir nicht. Und seitdem waren wir immer mal wieder in Solingen, um in einem der Werkverkäufe zu stöbern und Messer für den Eigengebrauch oder als Geschenk für andere zu erwerben. Wobei es heißt, dass man Messer nicht verschenken darf. Denn man zerschneide damit das Band der Freundschaft. Jedem Messergeschenk solle man daher einen Pfennig oder eben heute einen Cent beilegen, mit dem der oder die Beschenkte das Messer einem »abkaufen« kann.

Nun, ich kann nicht bestätigen, dass Messer Unglück bringen, weder als Schenkende noch als Beschenkte. Wobei, ob ich mich geschnitten hätte, wenn nicht...?

MUSIK

Heidewitzka, Herr Kapitän! Mit mir selbst schunkelnd geht's durch die Küche. Dabei ist gar kein Karneval. Doch über zwanzig Jahre Köln hinterlassen auch bei einer dickfelligen Westfälin ihre Spuren. In meinem Kopf spielt immer Musik. Schon beim Aufstehen verkündet meine innere Plattensammlung einen Ohrwurm, der mich zuverlässig mindestens durch einen Tag begleitet. Heute also Karl Berbuer mit einem Stück, das um Haaresbreite deutsche Nationalhymne geworden wäre. Als der damalige Bundeskanzler Konrad Adenauer 1953 Chicago besuchte, spielte die Kapelle zur Begrüßung mangels einer gültigen Nationalhymne eben ein kölsches Karnevalslied. Darin fahren wir mit dem Bötchen über den Rhein, schunkeln im Dunkeln, während die Sterne über uns funkeln.

Auch bei Sportereignissen und anderen offiziellen Anlässen griff man auf Liedgut aus dem Kölner Karneval zurück. Adenauer, wiewohl Kölner, war offenbar wenig begeistert, denn er sorgte dafür, dass es schon recht bald wieder eine Nationalhymne gab.

Ich schunkele innerlich weiter und suche nach Musik, die mich vom Ohrwurm ablenkt. Auf der Arbeitsplatte steht schon alles zum Kochen bereit. Im Kühlschrank wartet ein Kochwein, ein Riesling von der Saar. Nun fehlt noch die passende Musik. Floyd sagt in »Absolute Giganten«, einem der schönsten deutschen Filme (nicht zuletzt durch ein legendäres Kicker-Duell): »Weißt Du, was ich manchmal denke? Es müsste immer Musik da sein. Bei allem, was Du machst.«

Ein Leben ohne Musik kann ich mir nicht vorstellen. Für mich ist immer Musik da. Immer. Beim Aufwachen. Beim Einschlafen. Tagsüber. Wenn ich nachts mal wach werde. Beim Radfahren. Beim Reiten. Beim Wandern. Beim Schreiben. Irgendeine Melodie plöppt immer auf. Mal als

Medley, mal als stunden- oder gar tagelanger Ohrwurm. Nicht immer ist es ein Stück oder eine Melodie, die ich mir ausgesucht hätte. Oft ist es etwas aus der Mundorgel, manchmal Schlager der 1970er Jahre. Musikstücke, die auf immer im Kopf befestigt sind, selbst wenn ich meist nur den Refrain mitsingen kann.

Koche ich, höre ich dazu gern Musik. Oder Podcasts. Oder Podcasts über Musik. Ich blättere in meinen Playlists. Ich krame in meinen CDs. Meine Musik hat zwischen CD-Stadium und Streaming ein wenig ihr Zuhause verloren. Aber da, eine Musikerin, die ich in diesem Pandemiejahr für mich entdeckte, Michelle Gurevich, bitte sehr. Vielleicht doch Rotwein dazu? Ihre Stimme, ihre Musik ... ja, Rotwein.

Our life may not have been unusual
Like all the millions come before
But to us it meant everything
The greatest story ever told
And here's the part
Where we are laughing
And drinking champagne
In a restaurant
Here's the part
Where we are dancing
It's like a postcard
In my heart

AUS "HERE'S THE PART" MIT FREUNDLICHER GENEHMIGUNG VON MICHELLE GUREVICH.

TOPF VOLLER GOLD

Reines Gold fließt in die Suppenkelle. Obenauf im Suppentopf sammelt sich eine trüb-weiße Masse, die aussieht wie schmutziger Schnee. Ich erlebe ein Wunder.

Manche haben das Glück, grundlegende Küchentechniken zuhause oder im schulischen Hauswirtschaftskurs zu lernen. Für manche braucht man Kochkurse oder Grundkochbücher. Aus Letzteren lässt sich viel lernen. Vorausgesetzt, man liest sie. Ich habe das Klären von Suppen jahrzehntelang zuverlässig überlesen. Das mag daran liegen, dass ich es einerseits für Firlefanz hielt, andererseits ein großes Geheimnis vermutete, ein Können, das ich mir niemals in meinem Leben als Küchendilettantin aneignen könnte.

Aber das Klären von Suppe ist möglich. Und es ist gar nicht schwierig. Was man in erster Linie braucht: Zeit. Für eine gute Suppe braucht man die ohnehin. Klären kann man natürlich nur eine klare Brühe, ob aus Gemüse, Rind oder Huhn. (Über Fische sprechen wir hier nicht, denn die Autorin dieser Zeilen bevorzugt, Fische und anderes Meeresgetier in ihrem ursprünglichen Lebensraum zu beobachten, nicht im Topf und nicht auf dem Teller.)

Gebundene und pürierte Suppen haben ihre eigene Schönheit. Die Schönheit von reinem Gold erlangen sie indes nicht. Vor das Klären der Suppe ist also das Kochen derselben gesetzt. Und wenn ich sage, dass dies Zeit benötigt, so meine ich damit, dass man die Suppe am besten einen Tag ansetzt, bevor man sie auf den Tisch bringen möchte. Denn für das Klären muss sie zwischendurch abkühlen. Und sie schmeckt ohnehin gleich nochmal so gut, wenn sie diese Ruhezeit hatte und erneut erhitzt wird.

Ich nehme einen großen Topf und setze das Suppenfleisch mit kaltem Wasser auf. Ich nehme für eine Rinderbrühe gerne mindestens eine große Beinscheibe und einige

Knochen. Man braucht Fleisch mit Sehnen, Fett und Bindegewebe. Außer Beinscheibe oder Wade können das auch ein Stück Rinderbrust, Schwanz oder Querrippe sein. Im Zweifel lässt man sich vom Metzger seines Vertrauens etwas empfehlen. Bei Direkterzeugern und in Hofläden bekommt man oft auch Pakete mit Suppenfleisch, in denen sich Fleisch und Knochen finden.

Den Topfinhalt lasse ich in Ruhe und gemächlich aufkochen. Die Fleischporen sollen ihren Geschmack abgeben können. Erhitzt man das Wasser zu schnell, schließen sich die Poren, bevor sie das tun können. Mit einem Schaumlöffel schöpfe ich das Eiweiß ab, das hierbei an die Oberfläche schwimmt. Es ist sinnvoll, das zu tun. Lässt man das Eiweiß in der Suppe, trübt es diese später zusätzlich.

Eine Stunde lasse ich den Topfinhalt vorzugsweise ohne Deckel auf kleinster Flamme simmern. Ohne Deckel, weil die Flüssigkeit zugleich bereits reduziert und dadurch an Geschmack gewinnt. Wer auf einem Deckel besteht, sollte zwei Kochlöffel auf den Topf legen und darauf den Deckel. Dann kann der Dampf raus, aber die Suppe ist bedeckt.

Ich halbiere eine Zwiebel und lege die Hälften mit der Schnittfläche ohne Fett in eine Pfanne. Meist entferne ich nur die äußeren Schalen der Zwiebel und schneide oben und unten das ab, was verschmutzt ist. Die restlichen Schalen bleiben dran, denn sie bringen Farbe in die Suppe. Die Pfanne erhitze ich und lasse die Zwiebeln eine kräftige Farbe annehmen. Kräftig bedeutet in diesem Fall schwarz. Keine Sorge, man schmeckt später nicht, dass die Schnittflächen förmlich verkohlt sind. Diese Röststoffe geben der Suppe zusätzlich Geschmack.

Die Zwiebel lasse ich erstmal in der Pfanne bei ausgeschalteter Flamme. In der Zwischenzeit putze und schneide ich das Suppengemüse: Ein Stück Knollensellerie, zwei oder drei Möhren, Petersilienwurzel, Kohlrabi, Lauch. Alles möglichst frisch. Was übrigbleibt, zerkleinere ich und friere es ein für kommende Suppen. Ich habe nämlich ein einziges Mal eine schon etwas muffige Sellerieknolle erwischt. In der Annahme »Ach, das geht schon noch!« versaute mir diese Muffknolle die ganze Suppe. Also: Frisch soll das Gemüse sein!

Dazu kommen ein paar frische Pilze, wenn ich welche im Haus habe, oder eben getrocknete. Wenn bei Pilzgerichten Stiele übrigbleiben, friere ich die ebenfalls ein, um sie in Suppen oder Schmortöpfe zu werfen. Das Gemüse zerkleinere ich nur grob, denn am Ende werde ich es in ausgekochtem Zustand aus der Suppe entfernen. Eine Möhre und ein grünes Stück Lauch halte ich zurück. Die schneide ich später fein und sie dürfen die geklärte Suppe zieren.

Das Suppengemüse wandert mit der Zwiebel zum Fleisch in den Topf. Hinzu kommen Gewürze wie Lorbeer, einige Pfeffer- und Pimentkörner, Petersilienstängel (das »Laub« kommt später hinzu), vielleicht etwas frischer Thymian und ein Stückchen Zitronenschale. Ich salze erst am Ende, denn die Suppe kocht noch ein und, schwuppdiwupp, hat man sie versalzen.

Alles nochmal erhitzen, aber keinesfalls sprudelnd kochen. Es geht gemütlich und sanft zu beim Kochen einer Brühe. Kleine Flamme, leises Simmern, nun aber auf jeden Fall offen und ohne Deckel, damit die Suppe reduzieren kann. Fleisch und Gemüse sollten immer von Wasser bedeckt sein. Bei Bedarf muss man eben nachfüllen. Aber behutsam. Am besten stellt man sich etwas heißes Wasser neben den Topf.

Alles in allem lasse ich die Suppe ungefähr zwei bis drei Stunden ihr Werk tun. Nach dieser Zeit entferne ich Fleisch, Gemüse und Gewürze. Ich nehme einen zweiten Topf, lege ein Sieb darauf und lasse die aus der Suppe entfernten Dinge darin abtropfen. Kein Tropfen soll verloren gehen. Das Gemüse drücke ich dabei gründlich aus. Die Brühe kann man nun auch schon mal probieren. Man bekommt eine Vorstellung davon, wie sich der Geschmack entwickelt und wie lange man sie am nächsten Tag noch einkochen lassen sollte.

Die aufgefangene Flüssigkeit kommt zum Rest der Suppe, die nun in Ruhe abkühlen darf. Ich stelle sie dafür über Nacht auf den Balkon. Glücklich, wer einen kühlen, trockenen Kellerraum hierfür hat. Denn ein Balkon ist nur in den Jahreszeiten geeignet, in denen die Suppe aufgrund der Temperaturen die Möglichkeit hat, abzukühlen. Hierfür kommt dann ein Deckel auf den Topf. Allerdings mit einem Suppenlöffel, so dass der Deckel nicht vollständig schließt. So verhindert man, dass die eiweißhaltige Suppe »kippt«, also zu gären beginnt. Als Schutz vor Kleingetier lege ich ein Küchenhandtuch über den Topf und verknote dessen Enden an den Henkeln. Das Verfahren hat sich bewährt. Wer geschickte Katzen oder Waschbären am Haus hat, muss sich etwas anderes überlegen – hat vielleicht aber auch einen geeigneten Kellerraum.

Am nächsten Tag hole ich den Topf wieder rein, prüfe mit der Nase kritisch, ob die Suppe die Nacht gut überstanden hat und stelle sie auf den Herd. Bevor man nun die Suppe wieder langsam erhitzt, kommen Eier ins Spiel. Genauer: das Eiweiß von Eiern. Es gilt also, Eier zu trennen. Pro Liter Suppe rechnet man etwa ein Eiweiß. Am besten überlegt man sich vorher, wie man das anfallende Eigelb verwenden möchte. So kann man damit Grießklößchen machen oder Flädle – beides geht leichter und schneller, als man vermuten mag. Oder man denkt schon an den Nachtisch oder plant einen Kuchen.

Das Eiweiß wird leicht verquirlt. Während die Suppe langsam erhitzt, gibt man mit einem Schneebesen nach und nach das Eiweiß in den Topf – und wartet. Die Suppe darf auch jetzt nicht wallend aufkochen, sondern soll nur leicht köcheln. Dafür braucht es wiederum: Zeit.

Und schließlich sieht man, wie sich auf der Suppenoberfläche eine schmutzig-weiße Masse absetzt: das Eiweiß mit den Trübstoffen aus der Brühe. Nun schöpfe ich das Eiweiß vorsichtig ab. Das reine Gold der geklärten Suppe gebe ich durch ein mit einem sauberen Tuch oder etwas Küchenpapier ausgelegtes Sieb in einen anderen Topf. Ohne Eile, nach und nach. Eine meditative Übung und am Ende hat man einen Topf voll Gold.

Was in der Heimbürokantine noch des Ausprobierens harrt, ist das Klären mit Klärfleisch. Hierfür nimmt man fettarmes, proteinreiches Fleisch oder etwas Hackfleisch und gibt es mit kleingehacktem Suppengemüse in die Suppe. Wieder darf die Suppe nur sieden, nicht kochen, auch nicht köcheln, damit sich kein Fett in die Suppe löst. Das Ganze zieht etwa zwei Stunden und am Ende sollte die Suppe nicht nur klar, sondern noch geschmackvoller sein. Man erhält eine Consommé. Oder auch Kraftbrühe. Nun, man muss Ziele haben!

Unsere Flüssigkeit aus dem Topf voll Gold lässt sich jetzt mit etwas fein geschnittenem Gemüse, mit in einem kleinen Topf gekochter Suppennudeln, Grießklößchen, Flädle oder anderen Klößchen essen. Ein Festmahl

VORRÄTE

W ährend es also am Wochenende gemächlicher in der Heimbürokantine zugeht, ist es unter der Woche die Aufgabe, ohne viel Aufwand und mit wenig Zeit etwas auf den Tisch zu bekommen, das satt und froh macht.

Womöglich hilft dabei, dass Essen in meinem Alltag sehr präsent ist. Ob ich durch die Stadt oder durch die Natur wandere: Ich sehe, was es zu essen gibt. Im Vorübergehen lese ich Speisekarten und Angebotsschilder. Ich blättere in Kochbüchern, Kochblogs und folge verfressenen Menschen auf Instagram. Ich schaue mir Sendungen im Fernsehen und in den Mediatheken an, in denen gekocht wird. Ich vergegenwärtige mir, was im Haus ist, was es auf dem Markt und beim Direktvermarkter gibt, und pflege eine Einkaufsliste.

Ich liebe den Blick in die Küchen und in die Vorräte von anderen. Ich halte Ausschau nach Vertrautem und bin neugierig auf Unbekanntes. Kann ich Verwandtschaften in Geschmack und Vorlieben entdecken? Ist Überraschendes oder Eigenwilliges darunter? Lassen sich eigentümliche Gelüste identifizieren? Ich mache mir einen Spaß daraus, einen Menschen anhand seines Grundstocks an Lebensmitteln deuten zu können. Neugierig spähe ich auch ins Bücherregal. Weniger gut klappt das mittlerweile mit Musik, denn deren Spuren sind oftmals in die digitale Unsichtbarkeit entschwunden. Was andere wohl beim Anblick meiner Vorräte denken?

Ich denke also an Essen. Häufig. Meistens. Die Gegenwärtigkeit von Essen erleichtert es mir, in der Heimbürokantine zügig etwas Gutes auf den Teller zu bekommen. Ich fange nicht erst mit dem Kochen an, wenn ich die Küche betrete. In Gedanken bin ich längst beim Tun. Gut vorbereitet ist halb gekocht. Es spart nicht nur Zeit, wenn man für ausreichend Vorräte sorgt, sondern räumt auch den Kopf für Wesentliches frei. Etwa über das Kochen selbst nachzudenken. Oder über den Weltfrieden und Waldspaziergänge. Das wiederum macht hungrig und schon denkt man wieder über Vorräte nach. Achtung, das wird nun länger:

Wer im Internet nach »Vorratshaltung« googelt, erhält viele gute Ratschläge und Listen, was man grundsätzlich in der Küche haben sollte. Es ist hilfreich, sich das mal durchzulesen und mit den eigenen Vorräten abzugleichen. Sich sklavisch an solche Vorgaben zu halten, ist allerdings wenig ratsam. Was aber wesentlich ist: Herauszufinden, was man wirklich gern isst und was man mit wenig Anstrengung und öfter für sich selbst zubereiten möchte. Daraus entsteht eine Liste mit Zutaten, die es dafür braucht.

Manche dieser Zutaten sollte man immer im Haus haben. Selbst wenn ich in einer Stadt lebe, in der Supermärkte bis spät abends geöffnet haben und die für mich fußläufig erreichbar sind. Müsste ich vor jeder Zubereitung einer Mahlzeit einkaufen gehen, verlöre ich umgehend die Lust.

Wohlan, ich gewähre Einblick in meine Vorräte. Fehlen darf bei mir Folgendes nicht: Pasta in verschiedenen Formen. Tomaten, die es in Form von Tomatenmark und Dosentomaten das ganze Jahr über gibt. In den Sommermonaten habe ich zusätzlich frische vom Gemüsehof aus der Region da. Olivenöl und ein Pflanzenöl wie etwa Rapsöl, das sich stark erhitzen lässt und neutraler schmeckt. Zwei, drei Sorten guten Essig. Getrocknete Pilze sind praktisch, auch als Gewürz. Apropos Gewürze! Auch hierbei hilft es sehr, wenn man sich durchprobiert und herausfindet, welche man vorzugsweise verwendet. Es bringt wenig, sich möglichst viele Gewürze in den Schrank zu stellen. Denn nach einer Weile verlieren sie ihren Duft und Geschmack. In vielen meiner Gerichte landen fruchtig-scharfe Chiliflocken, die ich zufällig in einem türkischen Lebensmittelmarkt entdeckte. Die finden ihren Weg ebenso oft in mein

Essen wie Sesam. Sesam habe ich sogar in drei Varianten vorrätig: gerösteten und nicht gerösteten hellen Sesam und schwarzen Sesam. Hm, vermutlich müsste man auch Sesamöl und Sesampaste (Tahini) hinzuzählen. Ich liebe diesen feinen nussigen Geschmack, den Duft. Seit einer Weile habe ich auch immer Sojasauce und Miso da. Ich blicke in meinen Vorratsschrank und sehe ganz vorn Jasminreis. Den mag ich von allen Reissorten am liebsten, aber Reis für Risotto und Milchreis ist auch da, ebenso Basmati-Reis, ein Rest vom roten Camargue-Reis aus dem letzten Urlaub in Südfrankreich, Couscous, Bulgur sowie diverse Sorten von Linsen und Bohnen.

Neben diesen länger haltbaren Lebensmitteln gibt es solche, die man in der Menge einkauft, dass sie innerhalb weniger Tage oder Wochen aufgegessen sind: Schalotten, Knoblauch, Kartoffeln, alle möglichst dunkel und kühl aufbewahrt. Orangen und ein, zwei Zitronen liegen auf, Sahne und Butter im Kühlschrank. Außerdem Orangensaft. Ein Stück Parmesan. Im Gefrierfach bewahre ich wechselnde Gemüse wie Erbsen, Edamame oder kurz blanchierten Grünkohl auf. Auch Suppengemüse ist dort zu finden. Wenn ich Knollensellerie, Kohlrabi, Möhren oder Lauch frisch einkaufe und verwende, bleibt oft etwas übrig. Diese Reste friere ich in gebrauchsfertigem Zustand ein. So habe ich stets einen Vorrat parat, um eine Suppe kochen zu können.

Auf dem Feuerschutzbalkon stehen jahreszeitenabhängig Kräuter in Töpfen. Möglichst immer steht dort Petersilie. Minze ist nahezu unverwüstlich und passt zu vielen Gerichten und immer in Salate. Hilfreich sind außerdem Kräuter im Gefrierfach und einige getrocknete Kräuter. Letztere sollte man wie Gewürze hin und wieder auf ihren Zustand überprüfen. Alles, was lediglich nach aromatisierter Pappe riecht und schmeckt, gehört nicht mehr ins Essen.

Kommen wir zu den Zutaten, die frisch verwendet werden. Moment mal? Zählen die noch als Vorräte, wenn man sie kurzfristig kauft? An dieser Stelle muss man sich kurz vergegenwärtigen, was man vorhat: Will ich ein Rezept nachkochen, brauche ich zu einem Zeitpunkt bestimmte Zutaten in einer bestimmten Menge. Koche ich in der Heimbürokantine, nehme ich von dem, was da ist und bereite mir daraus eine Mahlzeit. Hierfür kaufe ich das Meiste auf dem Markt oder über einen Direktvermarkter einmal in der Woche ein.

Deshalb variieren die Gerichte in der Heimbürokantine oft nur leicht und spiegeln die saisonale Verfügbarkeit von Gemüse. Denn Kochen mit frischen Zutaten für ein bis zwei Personen bedeutet, dass man in der Regel mehrere Tage hintereinander von einem Salat, einem Kohl oder einer Stange Lauch isst. Wenn man nicht jeden Tag das gleiche essen möchte, ist Kreativität gefragt.

Wer über einen kühlen, dunklen Vorratskeller oder
-raum verfügt oder einen großzügigen Kühlschrank, also
geeignete Möglichkeiten hat, um auch größere Mengen
frischer Lebensmittel artgerecht aufzubewahren, kann
freier einkaufen als jemand, der Frisches mangels guter
Lagermöglichkeiten zügig verarbeiten muss. Davon mal
abgesehen, dass Gemüse bei Lagerung an warmen, hellen Orten oftmals Nährstoffe verliert, geht zusätzlich Geschmack flöten.

Ich kaufe meist eine Mischung aus Salaten, Pilzen und
empfindlicheren Gemüsesorten, die zügig gegessen werden sollten, und aus Gemüse, das einige Tage Lagerung in
Zimmerwärme und Licht verzeiht: Möhren, Lauch, Kohl
und Kartoffeln.

Was alle diese Gedanken eint: Ich weiß, dass ich aus dem
Stegreif drei, vier Gerichte aus dem Vorhandenen hinbe-
komme und habe im Kopf einen groben Plan, was es in
dieser Woche sein wird. Und somit ist nicht nur immer
ein gutes Essen in Kochweite, sondern auch das Wissen,
dass wenig Abfall anfällt, wenn alles aufgegessen wird.
Das funktioniert nicht immer, aber das ist eine andere Geschichte. Die Geschichte von Einer, die viel zu hungrig einkaufen ging.

Bei Muttern

RESTEKÜCHE

Wo gekocht wird, gibt es Reste. Die meisten Rezepte ignorieren das: Sie enden mit dem Gericht auf dem Teller. Und nach dem Essen sieht man, was übriggeblieben ist: Neben nicht verkochten und verarbeiteten Zutaten bleiben Salate, Nudeln, Kartoffeln und Soßen übrig.

Bei meiner Mutter landeten Reste in kleinen Schälchen im Kühlschrank. Zum Abendbrot wurden sie mit Brot, Butter und Aufschnitt auf den Tisch gestellt, die Salate kalt, sonstige Speisereste aufgewärmt aus der Mikrowelle. Dann wurden sie zum belegten Brot gegessen.

Das funktionierte gut. Der Futterneid im Familienverbund mit meistens sechs, manchmal auch mehr hungrigen Mäulern sorgte dafür, dass alles, was gut aussah oder gut roch, von irgendwem aufgegessen wurde. Eine besondere Delikatesse war der Rest von Stampfkartoffeln, der in der Pfanne gebraten wurde und heiß begehrt war.

Gemeinsame Mahlzeiten im Familienkreis sind aber nicht bei jedem und überall an der Tagesordnung. Viele sitzen, so wie ich, wenigstens tagsüber allein am Esstisch. Wer für sich allein kocht, kann selten vermeiden, dass etwas übrigbleibt, ob unverarbeitet oder bereits gekocht. Manche Reste kalkuliere ich ein: Wenn ich Kartoffeln koche, plane ich für den nächsten Tag Brat- oder Ofenkartoffeln. Koche ich Nudeln, dann oft etwas mehr, um die restlichen Nudeln am Tag darauf zu braten. Am Anfang der Woche koche ich Linsen vor, die ich im Kühlschrank aufbewahre und nach und nach in Salaten, Suppen und Soßen verwende. Gibt die Saison Gemüse vom Feld her wie Blumenkohl, Buschbohnen oder Blattsalate, die über eine Mahlzeit hinaus reichen, gehe ich in Gedanken durch, welche Gerichte damit möglich wären. Viele Gemüsesorten schmecken auch kalt in Salaten, wenn man sie einfach in etwas Salzwasser blanchiert oder bissfest gart.

Brauche ich Inspiration, blättere ich in Kochbüchern oder im Internet. Eins kommt eher selten in Frage: Jeden Tag dasselbe essen. Eine Ausnahme sind Eintöpfe und Schmortöpfe, die mit jedem Aufwärmen besser schmecken. Doch selbst die ist man irgendwann leid. Mangels Mikrowelle für ein einfaches Aufwärmen muss ich mir also etwas einfallen lassen.

Ich mag Resteküche. Nicht nur, weil sie meine Kreativität kitzelt, sondern weil sie mich auch an die Reste in meiner Kindheit erinnert. Wenn sich auf dem Abendbrottisch noch übriger Tomatensalat fand oder ein Schüsselchen aufgewärmter Nudeln mit Soße, war das wie ein verspäteter Nachschlag. Reste zu verwerten bedeutet auch, nicht jeden Tag von Grund auf neu anfangen zu müssen. Es gibt eine Basis, von der aus man planen kann.

Vor mir steht eine Schüssel mit einem Salat aus Kartoffeln und Spargeln von gestern. Es war zu viel, um noch alles aufzuessen. Aber es ist zu wenig für eine ganze Mahlzeit. Was ist noch da? Es gibt noch Pilze, die wegmüssen. Rucola. Lauch. Und Möhren. Eine halbe Zitrone liegt daneben. Ich beschließe, die Möhren zu braten. Hierfür wasche und schäle ich sie. Dann halbiere ich sie der Länge nach. Sie sind recht lang, also halbiere ich sie zusätzlich quer. In einer Pfanne erhitze ich Olivenöl und gebe die Möhren hinein. Ich würze mit grobem Meersalz und Knoblauchpaste, schmecke mit Zitronensaft und Honig ab. Die Pilze putze ich. Sie sind schon ein wenig runzlig, deshalb entstiele ich sie. Die Stiele kommen in den Beutel mit Pilzresten im Gefrierfach und werden Würzmittel für künftige Suppen und Soßen. Die Pilzköpfe schneide ich in dickere Scheiben und brate sie. Der je nach Dicke ebenfalls in Scheiben geschnittene Lauch kommt etwas später hinzu, manchmal halbiere oder viertele ich die Scheiben auch. Sobald die Pilze Farbe angenommen haben, brate ich den Lauch noch einige Minuten mit. Salz und Pfeffer dran, fertig. Der Rucola wird gewaschen, kurz geschleudert, in mundgerechte Stücke zerkleinert und dann kommt er in den Kartoffel-Spargel-Salat. Den Salat schmecke ich nun nochmal ab, denn Kartoffeln saugen über Nacht gern die Würze auf. Einige Spritzer Zitrone und etwas Salz geben ihm wieder Schwung. Am Ende wandern die Salatreste mit dem Rucola und dem warmen Pilz-Lauch-Pfanneninhalt auf einen Teller. Das sieht nicht nur schön aus, sondern schmeckt auch noch. Heute also keine Reste!

GLORREICHE KNOLLEN

Ramona! Glorietta! Lady Anna! Diese Damen sind meine glorreichen Drei in der Heimbürokantine. Es sind die Namen von Kartoffelsorten, die ein kleiner Familienbetrieb unweit von Köln in Rommerskirchen anpflanzt. Sie bauen Kartoffeln an für jeden Geschmack, alte und neue Sorten, bunte und gelbe Knollen in allen möglichen Formen.

Seitdem ich meine Kartoffeln direkt beim Gemüsebauern kaufe, gibt es sie viel häufiger als zuvor. Ich entdecke immer wieder neue Sorten, die in Form, Farbe und Geschmack für Abwechslung sorgen. Wenn ich es recht betrachte: Kartoffeln sind aus der Heimbürokantine nicht wegzudenken. Meist als Bratkartoffeln oder Pellkartoffeln, manchmal als Fritten, Gratin, Püree oder klassische Salzkartoffeln.

Kartoffeln. Kartoffeln, Kartoffeln! Rein in die Kartoffeln, raus aus den Kartoffeln. Ursprünglich wurde die Kartoffel Tartüffel genannt, wie man im Deutschen Wörterbuch von Jacob und Wilhelm Grimm nachlesen kann. Die Märchen sammelnden Brüder Grimm. Die auch Wörter sammelten. Wörter wie Kartoffeln. Im Hinterkopf auf jedes »Kartoffel!« ein Echo: Pantoffel! Irgendjemand kichert. Irgendjemand in meinem Hinterkopf ist drei, maximal vier Jahre alt und hat Spaß. Erdapfel, Grumbeere, Krumper: Es gibt viele regionale Bezeichnungen für die Knollen aus der Erde mit ihren hübschen Blüten über der Erde, die Leibspeise des schillernd schönen, gestreiften Kartoffelkäfers. Im Grimm'schen Wörterbuch finden sich noch andere Wörter für die Kartoffel: »grübling, nudel, erdbrot, jacobsbirne, jacobsapfel, jobsbirne. dazu namen von arten der frucht in groszer landschaftlicher verschiedenheit, auch eigne namen, wie lerche, maus, zwiebel.« Zwiebel? Ich ahne Verwirrung auf dem Teller. Hier gibt's Kartoffeln, Kartoffeln, Kartoffeln, ein Wort als Ohrwurm.

Die Kartoffel wird geschätzt, aber oft auch unterschätzt. Wer die Kartoffel auf die Funktion Beilage und »man kann sie prima mit Soße zermatschen« reduziert, verpasst etwas. Vielleicht liegt es aber auch an der Zubereitung, wenn die Begeisterung für die Kartoffel oft mau ist. Ich habe noch gelernt, dass man Kartoffeln mit Wasser aufstellt und dann darin kochen lässt, bis sie gar sind. Mittlerweile haben sich nicht nur für die Kartoffel bessere Garmethoden herumgesprochen. Es sind Garmethoden, die den Eigengeschmack bewahren. Rosenkohl und Spargel garen im Ofen oder in der Pfanne. Spinat wird nur blanchiert oder man lässt ihn im Topf mit etwas Butter kurz zusammenfallen. Blumenkohl und Brokkoli werden gedämpft – wie die Kartoffeln. Dämpfeinsätze gibt es für jede Topfgröße, meist aus Metall oder Bambus. Die Kartoffel wird durch das Dämpfen zu einer Delikatesse. Badet man sie hingegen ausgiebig in heißem Wasser, geht der Geschmack verloren und alle Kartoffeln schmecken gleich: nach nichts.

Kommen in der Heimbürokantine Kartoffeln zum Einsatz, ist die Pfanne das zentrale Kochgeschirr. Nun benötigen Bratkartoffeln normalerweise Zeit, um wirklich gut zu werden. Aber wenn man die rohen Kartoffeln in dünne Scheiben oder kleine Würfel schneidet oder einfach vorgekochte Kartoffeln verwendet, geht es fix. Die Dicke der Scheiben und die Größe der Würfel richten sich nach der Zeit, die man hat. Gut, mikroskopisch klein oder allzu hauchdünn sollten sie nicht werden... Am besten probiert man sich durch, bis man die richtige Dicke und Größe gefunden hat. Vorgekochte Kartoffeln brate ich je nach Größe und Herkunft ganz in der Schale oder in Stücke geschnitten. Die Pfanne sollte keinesfalls zu heiß werden, damit die Kartoffeln gleichmäßig garen und goldbraun werden können. Verwende ich rohe Kartoffeln, ist der erste Schritt, die Kartoffeln gut zu waschen, sorgfältig abzutrocknen und zurechtzuschneiden. Auch geschnittene rohe Kartoffeln wasche und trockne ich ab. So spritzt es in der Pfanne bedeutend weniger.

(Kartoffelkartoffelkartoffel! Wer zählt mit, wie oft das Wort schon fiel?)

So. Öl erhitzen, Kartoffeln rein, maximal mittlere Flamme. In Ruhe brutscheln lassen. Hin und wieder die Kartoffelstücke wenden.

Dann widme ich mich dem Gemüse: Salat wasche ich und schüttele ihn gut ab. Wie überall in der Welt macht Vielfalt froh. In der Regel meide ich Monokulturen, auch auf dem Teller oder in der Salatschüssel. Ausnahmen gibt es, aber meist mische ich möglichst unterschiedliche Zutaten: Blattsalate, je nach Saison Apfel, Birne, Tomate, Radieschen, Granatapfelkerne, Melone, Paprika, Rettich, Mairübchen, Möhre, Gurke, vorgegarte Linsen, Keimsprossen – bunt macht satt und selig. Vielleicht ist noch Feta, Mozzarella oder Ziegenkäse im Kühlschrank, den man dazugeben kann. Sonnenblumenkerne oder Sesam werfe ich manchmal gleich mit zu den Kartoffeln, kurz bevor sie fertig sind. So erspare ich mir ein gesondertes Rösten.

Gibt es zu den Kartoffeln Gemüse statt Salat, nehme ich die gebräunten und gegarten Kartoffeln aus der Pfanne und lasse sie auf etwas Küchenpapier abtropfen. Und brate dann das Gemüse in derselben Pfanne. Oder ich gebe das Gemüse gleich zu den Kartoffeln in die Pfanne. Das können Lauch, Möhren, Brokkoli, Blumenkohl, Spargel, Edamame oder Pilze sein. Das Gemüse sollte einigermaßen kleingeschnitten sein, damit es nur wenige Minuten Garzeit benötigt. Im Unterschied zum Schmortopf sollen sich hierbei die einzelnen Bestandteile nicht miteinander zu einem neuen Gemeinschaftsgeschmack verbinden, sondern noch ihre solistische Schönheit bewahren. Am Ende hat man eine farbenfrohe, hübsch aussehende Mahlzeit.

Weitere Variationen erhält man durch Zugaben wie Pilze, gekochte oder gebratene Eier, Kapern, Oliven, Speck, Mettwurstscheiben, Tofu, doch vor allem durch die Würzung: Salz und frisch gemahlener Pfeffer kommen immer dran, aber zu Kartoffeln passen auch sehr gut frische Kräuter wie Petersilie, Schnittlauch, Minze, Bohnenkraut oder Thymian und Gewürze wie Kümmel, Chiliflocken oder Pul biber, Curry oder Ras el Hanout – nur nicht alles auf einmal! Abwechslung geben auch Soßen oder Pasten aus Joghurt mit einem Spritzer Zitrone, Salz und Knoblauch, Sesam, Pesto oder Ajvar. Lieblingskombinationen findet man beim fröhlichen Hindurchschmecken heraus. Kartoffel! Kartoffel! Es gibt mehr Variationen als das Wort Kartoffel in diesem Text, nein, in dieser Huldigung auftaucht.

Statt Bratkartoffeln kann man auch Pell- oder Ofenkartoffeln machen. Oder die klassische Salzkartoffel. Möchte man Kartoffeln nicht braten, um Fett zu reduzieren, habe ich einen Einwand: Die Kartoffel braucht Fett. Als Pell- und Ofenkartoffel dann mit Butter und Salz oder mit Quark oder Joghurt. Nein, keine Magerstufe. Sollte man aus gesundheitlichen Gründen zwingend fettarm essen müssen, kocht man vielleicht lieber etwas weniger.

Was sich möglicherweise etwas unbestimmt liest, bedeutet vor allem eins: Kartoffeln mit Salat oder Gemüse sind mit unterschiedlichen Gewürzen und Kräutern ein Gericht für jeden Tag. Langweilig wird das nicht. Kartoffeln lassen sich, ähnlich wie Linsen, gut auf Vorrat kochen. Ich koche in der Heimbürokantine oft zwei, drei Kartoffeln mehr als benötigt für den nächsten Tag mit. Hierfür bleiben sie in der Schale. Nach dem Kochen lasse ich sie gut ausdampfen, trockne sie ab und lasse sie auf einem Teller oder in einer flachen Schüssel offen stehen. Gibt man sie gutgemeint in ein geschlossenes Gefäß oder in den Kühlschrank, fangen sie an zu müffeln und schmecken alt.

Ein wenig Warenkunde am Rande: Sind Kartoffeln mit Schale gesünder? Meiner Hauswirtschaftslehrerin, Schwester Veronika, hätten sich unter der Haube ihrer Nonnentracht die Haare gesträubt. Denn Schälen bedeutete, Obst und Gemüse in einen hygienisch einwandfreien Zustand zu überführen. Irgendwann setzte sich jedoch durch, dass man die Schalen mitessen solle, denn Vitamine und all das gesunde Zeug knubbeln sich unter der Schale. Ist Schälen demnach dekadenter Quatsch? Mitnichten: Auf und in konventionell angebautem Obst und Gemüse, das man im Supermarkt oder im Discounter erhält, finden sich oftmals Pestizide, die man auch beim raschen Abwaschen nicht vollständig herunterbekommt. Da empfiehlt sich das Schälen. Der Kartoffeln. Kartoffeln. Kartoffeln.

Es gibt Kartoffeln, deren Schale bitter bis ungenießbar schmeckt. Unser Geschmackssinn gibt in diesem Fall aus gutem Grund eine Warnmeldung heraus: Das Scharf-Bittere weist auf sogenannte Glykoalkaloide hin, welche die Kartoffel als Schutz vor Schädlingen entwickelt. Auch in stark keimenden Kartoffeln finden sich diese Giftstoffe, die beispielsweise Kopfschmerz oder Übelkeit auslösen. Je älter Kartoffeln sind, desto mehr davon finden sich in der Schale. Im Keller meiner Eltern gab es eine große Kartoffelkiste. Im Herbst kam der Bauer und füllte sie mit den frisch geernteten und mit sauerländischer Erde umhüllten Kartoffeln. Einige Tage lang roch der Keller selbst wie ein Acker. In den folgenden Monaten musste man immer die schrumpeligen oder stark verkeimten Kartoffeln aussortieren. Heute weiß ich, warum das wichtig war. Deshalb sollte man Kartoffeln eher in übersichtlichen Mengen kaufen und zügig aufbrauchen, wenn man über keinen kühlen, dunklen und trockenen Lagerkeller verfügt. Ich esse gern Kartoffeln mit Schale, aber nur, wenn sie frisch, unbeschädigt und frei von grünen Stellen sind. Dann schmecken sie auch nicht bitter.

Zu guter Letzt hole ich mir die Dichterin Nelly Sachs in die Küche. Sie setzt sich an den Tisch. Darauf eine Schüssel mit dampfenden Kartoffeln, die nach Draußen und nach Erde duften. Es dämmert.

Der Falter auf dem Kartoffelfeld
Wiegt schon den Schlaf der ganzen Welt
zur Ruh.

ROSENKOHL

Rosenkohl! An kaum einem anderen Gemüse scheiden sich so sehr die Geister wie an diesen lustigen Köpfchen. Oftmals werden gequälte Erinnerungen an die Kindheit als Grund aufgeführt. Es gab in der Tat eine Zeit, als Gemüse begeistert zu Tode gekocht wurde und Rosenkohlröschen als grau-grüne Stinktiere auf dem Teller landeten.

Dasselbe Schicksal teilen auch andere Kohlsorten, etwa nach feuchter Kellerwohnung schmeckender Blumenkohl, der schon bei einem scharfen Blick zu Matsche zerfiel. Diese Tradition der Kohl-Verhunzung wird noch heute in manchen Kantinen, Krankenhaus- und Schulküchen gepflegt: »Gemüse ist gesund, das muss nicht schmecken!«

Aber nähern wir uns dem Rosenkohl ganz unbefangen. Wer das Glück hat, ihn aufwachsen zu sehen, sieht im Erntestadium hohe und überraschend stabile Stämme, an die sich die Kohlröschen in mehr oder weniger ordentlichen Ringelreihen klammern. Obenauf befindet sich ein prächtiger Blätterhut, der den runden Knospen bei sengender Mittagssonne Schatten gibt. Meist ist er grün, doch gibt es Rosenkohl auch als rote Sorte. Nicht nur die Pflanze wirkt wie eine Skulptur, auch die Rosenkohlröschen sind Kunstwerke. Kühl, klein und fest liegen sie in meiner Hand. Wehrhafte, kleine Burschen, so kommen sie mir vor, mit ihren eng anliegenden Blättern, bei deren Abzupfen man auf winzige Miniröschen am Stiel stößt.

Das ist im übrigen die schnellste Form der Zubereitung, auch wenn die Vorbereitung mehr Zeit benötigt: Man zupft die Blättchen ab, indem man den Stiel großzügig abschneidet. Und kann sie dann in Olivenöl mit etwas Knoblauch und einer Schalotte dünsten, ein paar geröstete Pinienkerne dazu, gehackte glattblättrige Petersilie und dann mit Pasta und Parmesan mischen.

Rosenkohl passt auch hervorragend in Aufläufe, beispielsweise mit Kürbis und Maronen. Ein Herbstklassiker
in der Heimbürokantine. Beim Kürbis greife ich so gut wie
immer zum Hokkaido, denn den gibt es in Klein und Hand-
lich. Außerdem muss man ihn nicht schälen. Die Esskastanien verwende ich für solche Gerichte vorzugsweise bereits
vorgegart und gepellt. Den Kürbis wasche ich ab, spalte ihn
beherzt mit einem großen Kochmesser und löse das Kern-
geflecht mit einem Esslöffel heraus. Dann schneide ich ihn
in Spalten und würfele den Kürbis in mundgerechte Stücke. Je nach Zeit und Vorlieben, werden die Kürbisstücke
feiner oder gröber. Dann mit einem kleinen Küchenmesser
den Stiel kreuzförmig einschneiden, damit er leichter gart.

Ich stelle einen Topf mit etwas Wasser auf und gare die
Kohlköpfchen in einem Dämpfeinsatz. Es dauert etwa 15
Minuten, bis sie bissfest sind. Am besten nimmt man zwi-
schendurch einen Rosenkohl heraus und probiert ihn. Gut?
Gut. Lieber etwas zu kurz als zu lang. Sonst besteht die be-
rühmte Müffelgefahr! Solch ein Dämpfeinsatz ist hierbei
Gold wert. Rosenkohl (und auch andere Gemüse) werden
zur Delikatesse, wenn man sie nicht in Wasser ertränkt.
Noch besser schmeckt Rosenkohl, wenn man ihn im Ofen
gart. Der Ofen muss für den Auflauf ohnehin vorheizen.
Also beträufelt man den Rosenkohl mit Olivenöl und gibt
ihn in der Auflaufform für etwa 10–15 Minuten bei 180
Grad in den Ofen, bis er leicht gebräunt ist. Exakte Zeitan-
gaben sind tückisch, denn es gibt sehr kleinen Rosenkohl
– und sehr großen. Wenn man direkt beim Erzeuger kauft
oder Rosenkohl selbst anbaut, hat man oft alle Größen dabei. Falls Rosenkohl ungewöhnlich groß ist, kann man ihn
einfach halbieren. Und wenn es wirklich schnell gehen soll,
sogar vierteln.

Während der Rosenkohl gart, hacke ich je zwei Schalotten und Knoblauchzehen und schwitze sie in Olivenöl an.

Ich nehme sie aus der Pfanne und stelle sie zur Seite. Dann karamellisiere ich in derselben Pfanne ein wenig Zucker und füge die grob gehackten Maronen sowie den Kürbis mit etwas Butter hinzu. Das röste ich ein paar Minuten an. Dann gebe ich Schalotten und Knoblauch wieder hinzu. Wer möchte, brät an dieser Stelle zerkleinerten Speck kross an. Dafür lässt sich abermals dieselbe Pfanne verwenden, wodurch der Speck etwas Karamellgeschmack annimmt. Der Speck leistet dann Schalotten, Knoblauch und Maronen Gesellschaft.

Einen Schwung Sahne in die Pfanne und mit Parmesan, Muskat, Salz und frisch gemahlenem schwarzen Pfeffer einkochen lassen, bis die Masse leicht bindet. Abschmecken. Die Soße darf leicht überwürzt schmecken, denn der Rosenkohl ist noch ungewürzt.

Kürbis und Maronen kommen zum Rosenkohl in eine Auflaufform. Ich übergieße alles mit der Soße. Nach Geschmack geriebenen Käse obenauf verteilen. Ich nehme eher wenig, aber Liebhaber*innen von mit Käse Überbackenem dürfen zuschlagen. Ab in den Ofen, in die obere Mitte. Den Grill aktivieren. Wenn der Auflauf hübsch goldbraun aussieht, dürfte er fertig sein. Achtung, wenn man den Herd öffnet: Es kann sein, dass einen der köstliche Duft einfach umhaut!

Im Ofen gerösteter Rosenkohl ist auch solo eine Geheimwaffe in der Küche. Er schmeckt nämlich eigentlich zu allem, so auch zu Pasta. Mit Kirschtomaten und gerösteten Pinienkernen, glattblättriger Petersilie, Parmesan, Olivenöl, Pfeffer, Salz – das geht schnell und einfach und lässt einen nudelselig zurück. Man munkelt, dass schon manche, die Rosenkohl bislang verachteten, durch diese Zubereitung eines Besseren belehrt wurden. Von wegen Stinktier!

TISCHKULTUR

Grün gemustert. Fröhliche Streublumen. Mit scheinbar etwas ungelenker Hand rasch aufgetragene rote Streifen. Ein ländliches Idyll in Blau.

Ich liebe bunte Teller und Schüsseln auf dem Tisch. Farbig gemustertes Geschirr, geschliffene Gläser, Altes und Neues zusammengewürfelt, am liebsten für jeden ein anderes Gedeck. Meine Vorliebe steht in völligem Gegensatz zu den 12- und 24-teiligen Geschirrsets, mit denen ich aufwuchs. Meine Mutter, ein Kriegskind, liebt einheitlich gedeckte Tische im Alltag wie bei Festen: Das gute Geschirr, das einigermaßen gute und das für den Alltag. Nie etwas Angestoßenes. Dafür aber Senfgläser als Trinkgläser, zumindest am Abendbrottisch unter der Woche.

Vielleicht änderte sich das bei mir schon beim Auszug, damals, mit 19. Ich zog mit einer wilden Sammlung von Aussortiertem meiner Mutter, Abgelegtem meiner älteren Schwestern und Neuem aus einem schwedischen Möbelhaus von dannen, in meinen ersten eigenen Haushalt. Die ersten Jahre alleinwohnend waren ein Suchen und Finden. Mein Kochen verselbständigte sich. Und zunehmend gesellten sich Menschen bei mir zum Essen dazu. Immer größer wurden die Gruppen. Es gab stets etwas Warmes und sei es in den frühen Morgenstunden, wenn die Klubs schlossen waren und man noch nicht auseinandergehen mochte. Auf das Geschirr selbst kam es nicht an, eher darauf, dass sich für jeden ein Glas, eine Schüssel oder ein Teller fand.

Die letzten Großeltern starben, also der Letzte des einen Paares, die Letzte des anderen Paares. Haushalte wurde aufgelöst und mein Herz schlug für die geschwungenen Teller mit Goldrand und die geschliffenen, funkelnden Gläser. Die nüchternen, sachlichen Geschirrteile schwanden in meinem Küchenschrank. Manche zerbrachen, manche blieben andernorts, das Essen wurde auf ihnen mitgebracht und dann blieben sie dort. Einige Stücke fanden so den Weg wiederum zu mir. Und Stück für Stück zogen Porzellan und Kristall ein, der Nachlass meiner Großeltern.

Später, als zum Ererbten ein Mann einzog (nicht geerbt), kam auch sein Geschirr dazu. Der emaillierte Topf seiner Eltern. Die Eisenpfanne aus einem berühmten Laden für Gastronomie-Bedarf in Paris. Und irgendwann gab es gemeinsam Erworbenes, Gläser, Teller, Messer, Schüsseln.

Vier bunte Teller aus einem südfranzösischen Supermarkt, zwei aus einem im Périgord. Die Suppenschüsseln aus einem asiatischen Markt im Nachbarviertel. Die Sektgläser aus einem Laden in der Eifel, der nach vielen Jahrzehnten schloss. Aus einem Abrisshaus die Likörgläser, die niemand mehr haben wollte. Und auf dem Abendbrottisch die Trinkgläser, in denen sich einst Dijon-Senf aus dem Burgund befand.

RÜBSTIEL

Als ich ihn vor einigen Jahren auf dem Markt wiederentdeckte, rastete ich kurz aus: Rübstiel! Wenn es ein Gemüse gibt, das ich direktemang mit meiner Kindheit verbinde, dann ist es dieses. Doch ich hatte es für einige Jahre beinahe vergessen. Bis ich es in einer der Kisten liegen sah, Bündel mit weißen Stielen und zerzaust wirkenden grünen Blättern.

Viele Gerichte aus Mutters Küche wie Wirsing-Eintopf, Kohlrouladen, Möhren und Kartoffeln untereinander oder Kohlrabi-Gemüse, all das koche ich mir immer noch und immer noch gern. Vieles davon esse ich heute sogar mit mehr Vergnügen als damals als Kind. Aber Rübstiel liebte ich von Anfang an. Den Geruch erkannte ich schon von weitem, wenn ich aus der Schule kam, zu Fuß von der Schulbushaltestelle nach Hause schlurfend. Roch es nach Stielmus, machte ich innerlich einen Freudenhüpfer und mein Schritt wurde schneller.

Man bekommt Rübstiel inzwischen wieder leichter, ob auf dem Markt oder direkt beim Erzeuger. Nun, zumindest im Rheinland und in Westfalen. In weiten Teilen Deutschlands oder gar darüber hinaus ist Rübstiel eher unbekannt. Er besteht aus Blättern und Stielen und ist eine Rübensorte – nur ohne Rübenbildung. Den eigenwilligen, leicht kohligen Geschmack und seine besondere Beschaffenheit im Biss hatte ich sofort wieder auf der Zunge, als ich den Rübstiel sah. Es gibt ihn zu Beginn des Frühlings und dann nochmal im späten Herbst. Das Kohlige lässt an den Winter denken, die säuerliche Frische an den Frühling.

Damals kaufte ich dem Marktverkäufer einen Schwung Rübstiel ab und machte mich daran, die Erinnerung an ein Gericht von früher nachzukochen: Stielmus. Ein wenig half mir das Internet, doch allzu viele geeignete Rezepte fand ich gar nicht. Glücklicherweise hatte meine Frau Mutter mich zuhause oft mitkochen lassen. Meistens schnibbelte ich etwas, stand neben ihr, guckte zu und luchste ihr zwischendurch rohe Stücke von Kartoffeln, Möhren oder Kohlrabis ab.

Als ich mein erstes selbstgekochtes Stielmus fertig hatte, machte ich große Augen: Viel war nicht übriggeblieben. Wie so viele Gemüsesorten mit hohem Wassergehalt war der Rübstiel ziemlich zusammengeschrumpft. Doch es schmeckte ausgezeichnet. Und stolz erzählte ich meiner Mutter davon, die sich mit mir freute. Als ich beim nächsten Mal Rübstiel einkaufte, verlangte ich eine ordentliche Menge, was mir verwunderte Nachfragen meines Gegenübers auf dem Markt einhandelte. Allzu bekannt war dem Verkäufer am Marktstand dieses Gemüse nicht und er ließ sich mein Rezept geben.

Stielmuseintopf geht denkbar einfach, denn der Rübstiel kann bis auf den Strunk zur Gänze verwendet werden. Der Rübstiel wird gewaschen, was am besten in einem mit Wasser gefüllten Spülbecken geht. Den Strunk schneide ich knapp ab. Der Rest wird eher grob gehackt. Ich schwitze ihn mit einer gehackten Zwiebel in Öl und etwas Butter an, lösche ihn mit nur wenig Wasser ab und lasse ihn erstmal köcheln. Nach 15−20 Minuten gebe ich geschälte und gestückelte Kartoffeln dazu und lassen sie im Sud garen. Geeignet ist hierfür eine vorwiegend festkochende oder mehlige Sorte, die sich mit dem Sud verbindet. Festkochende Kartoffeln bleiben zu sehr »für sich«. Salzen, pfeffern, etwas Muskat, eventuell noch etwas Brühe oder Sahne. Am besten schmeckt Stielmus – wie andere Eintöpfe auch –, wenn man sie ein- bis zweimal herunterkühlen lässt und wieder aufkocht. Ich mag Mettwürste dazu, die für einige Minuten im Eintopf garen. Da Mettwürste oftmals recht salzig sind, bin ich zunächst vorsichtig mit dem Salz.

Nachdem ich also Rübstiel als Eintopf, sprich Stielmus, wiedereingeführt hatte, probierte ich Rübstiel zu Pasta. Das mundete mir sogar noch besser als der Eintopf: Rübstiel, gehackt und mit Zwiebeln und Knoblauch in Öl und Butter knackig gegart. Hierfür wähle ich ein Öl mit neutralem Geschmack. Während die Butter das Bukett des Rübstiels hebt, könnte ein allzu dominantes Öl es erdrücken. Wenn ich mich recht erinnere, habe ich den Rübstiel noch mit einem Schluck Weißwein abgelöscht. Oder habe ich ihn versehentlich getrunken?

Die kurz vor bissfest gekochte Pasta gebe ich noch leicht tropfend mit Crème fraîche, Salz und Pfeffer zum Rübstiel und lasse sie fertig garen. Hier passt eine kurze Pasta, die sich gut mit dem Sud verbindet. Geröstete Pinienkerne dazu, wer mag, Parmesan. Andere Verwendungsarten werden in der Heimbürokantine ausprobiert, wenn es wieder Rübstiel gibt. Bereits getestet und für gut befunden: Die Blätter passen roh ausgezeichnet zu Blattsalaten.

In Restaurants oder Gaststätten habe ich Gerichte mit Rübstiel übrigens noch nicht entdeckt. Ob sich das ändern wird? Viele regionale Gemüse wie Mangold, Kürbis und Steckrüben finden sich vermehrt auf den Speisekarten. Vielleicht – und hoffentlich – auch der Rübstiel.

NATUR AUFESSEN

Ein Tag im Wald. Es ist Frühling. Aufbruchstimmung bei Mutter Natur: Dem Boden und den Ästen entspringt junges Grün. Es tut gut, nach den langen Wintermonaten wieder mehr Farben zu sehen. Die Luft verändert sich. Es riecht nach Wachsen und Werden. Draußen sein macht hungrig und natürlich kommt beim Wandern die Brotdose mit. Aber es beginnt auch die Zeit, in der einem auf Streifzügen durch die Natur das Essen förmlich in den Mund wächst.

Ich versuche mich zu erinnern, wann Bärlauch eigentlich ein solcher Popstar geworden ist. Vielleicht hängt es mit Social Media und der wiederentdeckten Lust am Selbermachen zusammen, dass ich im April und im Mai lauter Bilder von Bärlauch-Pesto und anderen Rezepten mit dem köstlichen Kraut sehe. Ich selbst verpasse eine gezielte Ernte zuverlässig, stehe aber wie vom Donner gerührt im Wald, wenn der Duft nach Knoblauch meine Nase erreicht. Es gibt in der Eifel ein Waldstück, in dem ein wahres Meer von Bärlauch wächst. Man fühlt sich wie in einem Märchen: über einem ein Dach aus jungem Buchengrün, am Erdboden ein Teppich aus Bärlauch. Sein Geruch ist beinahe betäubend. Zupft man etwas vom Bärlauch ab und steckt es sich in den Mund, steigt zunächst das an Knoblauch erinnernde Aroma in die Nase. Dann schmeckt man die typische grüne Schärfe des Zwiebelgewächses. In die Seitentasche des Rucksacks wandern einige Blätter, aber eher für unterwegs. Wenn man noch eine längere Wanderung vor sich hat, sind sie rasch verwelkt. Das wäre zu schade.

Aber neben Bärlauch gibt es viel mehr Essbares in der Natur. Ich befinde mich noch auf Forschungsreise durch die Welt der Wildkräuter und taste, nein, schmecke mich langsam vorwärts. Die Sorge, aus Unachtsamkeit doch mal etwas zu erwischen, das unerwünschte Nebenwirkungen hat, ist da. Bücher, Bestimmungs-Apps oder Kräuterwanderungen mit Sachkundigen helfen dem Wissen auf die Sprünge. Was ich liebend gern von den Bäumen nasche, sind hellgrüne Fichtenspitzen und die jungen Blätter von Buchen. Gesunde Fichten findet man mittlerweile nur noch in höheren Lagen. Ihre Spitzen schmecken zitronig und erfrischend, wie ein innerer Sauna-Aufguss. Auch Buchenblätter haben einen säuerlichen Geschmack, müssen aber noch jung und hellgrün sein. Wenn sie älter und dunkler werden, sind sie ledrig und der Geschmack verliert sich

Wenn ich im Wildkräuter-Buch blättere, erkenne ich lauter Pflanzen, die sich zu probieren lohnen. Gänseblümchen etwa landeten schon in der Zeltküche im Salat. Wobei ich meine Probleme habe, die so fröhlich und freundlich auf mich wirkenden Blumengesichter zu verspeisen.

Schon als Kind streifte ich viele Stunden am Tag durch die Wiesen. Ich kaute auf den kleinen Herzen des Hirtentäschelkrauts herum, lutschte die pinkfarbenen und weißen Kleeblüten aus und freute mich über die durstlöschenden Blätter des Sauerampfers. Meine Mutter machte im Frühling aus dem Waldmeister im Garten Mai-Bowle, mit der traditionell die Grillsaison eröffnet wurde.

Ich strich durch Wälder, Gärten und Felder und futterte mich durch. Dem Bauern mopste ich junge Maiskolben vom Feld und pulte die noch weichen Weizenkörner von den grünen Ähren. Die Haselnusssträucher der Nachbarn waren nicht vor mir sicher. Ich aß Wildkräuter von den Wiesen ringsum. Mit meiner Mutter ging es in die Brombeer- und Himbeerbüsche. Im Urlaub in den Bergen sammelten wir Blaubeeren, am liebsten gleich in den Mund. Seltener ging es in die Pilze. Im Garten meiner Großeltern gleich nebenan wuchsen Birkenpilze. Es waren nur wenige, aber das machte sie umso kostbarer. Die Ausbeute bestand in manchen Jahren aus nur ein oder zwei Exemplaren, die in Scheiben mit Butter und Salz in einer Pfanne gebraten wurden. Eine Delikatesse für mich, während sich meine Geschwister nichts aus den golden schimmernden Pilzen machten. Hinterm Haus standen die Sträucher mit Johannisbeeren – und Stachelbeeren.

Es war ein Heranwachsen in einer Welt, in der selbstverständlich war, etwas aus Garten, Wald und Flur zu sammeln und zu essen. Seitdem gehe ich speisend durch die Natur. »Du denkst immer ans Essen.«, meinte mein Begleiter auf unseren Wanderungen einmal. Ja.

So viele Kräuter und Früchte lassen sich essen. Im Jahreslauf kommt da einiges zusammen! Ob Kamille oder Feld-Thymian, Acker-Minze, Wald-Erdbeeren und Himbeeren, später dann Heidelbeeren, Brombeeren, Haselnüsse und dann das größte Geschenk überhaupt: Pilze. Über die ich in den letzten Jahren lerne, dass es sie mitnichten nur im Herbst gibt. Ohnehin beginnt meine persönliche Pilzsaison im August, wenn auf den Kuhweiden neben dem elterlichen Haus die Wiesenchampignons sprießen. Taschenweise trage ich sie nach Hause, wo sie in Pilzgerichten landen und zum Trocknen im Ofen. Gedörrt dienen mir die Pilze dann bis zur nächsten Ernte als Würze für Suppen und Schmorgerichte.

Später im Jahr folgt das große Wunder der Steinpilze und Braunkappen. Warum ich auch diese über Jahre im Wald zwar wahrnahm, aber nie welche sammelte – nun, ein kluger Mensch sagte mal: »Man erblickt nur, was man schon weiß und versteht.« Goethe sprach zwar über die Kunst, aber auch um Pilze muss man wissen, um sie wahrzunehmen.

Es war auf einer Wanderung durch das Hohe Venn, als sich ein lichter Nadelwald vor uns auftat. Zu unseren Füßen dichtes Moos. Fliegenpilze und Ziegenbärte leuchteten aus dem Grün. Hübsch, aber nichts für den Teller. Und dann sahen wir sie: Steinpilze. Wie blankpolierte Kastanien gleich daneben die Braunkappen. Wir packten die Seiten-taschen unserer Rucksäcke voll und es fühlte sich an wie Weihnachten. Was für ein Geschenk! Unsere duftende Beu-te trugen wir zum Campingplatz und verspeisten einen Teil davon noch am selben Abend. Einfach in der Pfanne ge-braten mit Butter, Salz und Pfeffer wie damals. Fühlte sich das Finden schon an wie Weihnachten, so war dies unser Festmahl.

Unvermutet in der Natur etwas Essbares zu finden, macht einfach glücklich. Auf einer Radreise landeten wir am Fluss Doubs unter einem Pflaumenbaum und aßen uns satt. In Südfrankreich war es ein Baum mit lauter Feigen, an denen wir uns gütlich taten, umsummt von ebenfalls speisenden Bienen und Wespen. Eine Wanderung in der Eifel zog sich mal sehr in die Länge, weil wir auf einen Pfad mit lauter Himbeerbüschen stießen…

Keine Jägerin, aber eine Sammlerin: Seit dem Pilzfund im Hohen Venn nehme ich immer zusätzlich zum Rucksack eine kleine Tasche mit. Man weiß ja nie! Ab und zu kom-men neue Pflanzen oder Pilze hinzu, die ich als essbar und schmackhaft kennenlerne. Mit jedem Kraut, mit jedem Pilz, mit jeder Beere in meinem Mund scheint mir die Ver-bundenheit mit der Natur zu wachsen. Das ist Magie, fern-ab von zersägten Jungfrauen und Kaninchen aus dem Hut.

Zuhause

HEIMBÜROKANTINE UNTERWEGS

Einkehren! Eigentlich ein geliebtes Ritual bei Wanderungen oder Touren mit dem Rad. In Pandemiezeiten jedoch war das Essen auswärts nicht möglich. Es galt, gut vorzusorgen. Und bevor man sich mit langen Gesichtern und hängenden Mägen durch die Gegend schleppt: Die kluge Frau baut vor.

An Wandertagen und bei Radtouren hat es sich bewährt, belegte Brote mitzunehmen. Wie bei vielen vermeintlich einfachen Gerichten lohnt auch bei einer Stulle ein Blick auf die Details: Ein gutes, saftiges Vollkornbrot, ordentlich Butter und ein würziger Käse, den man selbst dann noch riechen möchte, wenn man das belegte Brot nach ein paar Stunden aus dem Rucksack oder der Radtasche holt. Auch die Kombination Frischkäse und roher Schinken vermag die zu Fuß oder mit dem Rad Reisenden zu entzücken. Schwierig wird es mit allem, was sich grundsätzlich geschmacklich aufdrängt, aber mit der Zeit nässt oder sich zwischen den Brotscheiben wegstiehlt: Ein Weichkäse ist bei warmem Wetter ungeeignet. Scheiben von Gurke oder Tomate, Salatblätter und Zwiebelringe nässen leicht. Selbst Schnittlauch findet sich oft überall wieder, jedoch nicht mehr dort, wo er sein sollte. Doch man kann sich eine Tomate oder ein Stück Gurke mitnehmen und frisch geschnitten aufs Brot legen. Ein gut geschärftes Taschenmesser hilft da ungemein.

Die hartgekochten Eier sind seit einer Weile mit von der Partie. Was zunächst aus einer Not heraus geboren war: Es ging auf eine längere Reise mit Zelt und Wanderschuhen. Aber was machen wir nun mit den Eiern aus dem Kühlschrank? Dass hartgekochte Eier früher ganz selbstverständlich ins Reisegepäck auf Familienreisen gehörten, erinnerte ich erst in diesem Moment wieder. Seitdem kommen sie auch bei mir wieder mit, vor allem, wenn es auf

Wanderungen geht. Wie auch ein, zwei säuerliche Äpfel. Und etwas Süßkram für spontane Motivationseinbrüche.

Mit belegten Broten, hartgekochten Eiern und Äpfeln lässt sich eine Tagestour gut bestreiten. In den Wanderrucksack gehört dann noch ausreichend Wasser, im Winter auch eine Thermoskanne mit Tee. Das ist Heimbürokantine unterwegs: Zu wissen, dass man etwas zu essen dabeihat, auf das man sich freuen darf. Etwas, das man gern schmeckt, das satt macht und womit man sich selbst gut versorgt.

Und wenn die Zeiten es wieder zulassen, ist es dann umso erfreulicher, wenn man erneut einkehren kann.

TORTELLINI MIT DINGEN

Diese Tage gibt es: Der Magen so leer wie der Kopf. Man guckt übellaunig in Vorratsschränke und in den Kühlschrank. Kochen? Bloß nicht. Keine Lust. Wenn man nicht gerade etwas Passendes im Weckglas oder Gefrierfach hat, sind das die perfekten Voraussetzungen, um sich mit einer schnellen Mahlzeit voll seligmachender Kohlenhydrate wieder in einen erträglichen Zustand zu bringen.

Es ist überaus hilfreich, für solche Fälle Tortellini oder andere Teigtaschen aus dem Kühlregal vorrätig zu haben. Welche man da nimmt, ist eine Frage des persönlichen Geschmacks und der Verfügbarkeit. Ich bevorzuge Tortellini mit Käsefüllung. Kohlenhydrate und Käse, das führt zuverlässig zu einem überhöhten Sättigungsgrad, aber im Zustand der doppelten inneren Leere sind einem diese Konsequenzen meist schnuppe. Womöglich ist der Tag ohnehin nicht zu retten, aber immerhin hat man etwas Warmes und Magenfüllendes verzehrt.

Allerdings machen Tortellini allein noch nicht froh. Ein winziges bisschen Kochen muss also doch sein. Für die Tortellini stelle ich einen Topf mit Salzwasser auf.

Dann schnibble ich klein, was an Gemüse herumliegt: Knoblauch, Pilze, Kirschtomaten, Spitzkohl, Paprika. Welche Kräuter gibt es? In den Sommermonaten eher frisch vom Balkon, ansonsten habe ich meist einen Vorrat im Gefrierfach, ob selbst eingefroren oder in diesen praktischen Kräutermischungen aus der Tiefkühlabteilung. Wenn Pinienkerne oder Walnüsse da sind, röste ich sie an. Die Walnüsse hacke ich grob. Apropos Gefrierfach: Gibt es darin noch Gemüse, das sich eignen könnte? Erbsen vielleicht?

Das Wasser kocht. Rein mit den Tortellini. Olivenöl in einer tiefen Pfanne erhitzen, zunächst das Gemüse anbraten, das ein wenig Zeit braucht, salzen, pfeffern, Knoblauch in Scheiben hinein, dann das schneller garende Gemüse. Die

Tomaten behalte ich noch zurück. Die Tortellini hebe ich mit einem Schaumlöffel aus dem Wasser, sobald sie oben schwimmen, lasse sie gut abtropfen und brate sie mit dem Gemüse in der Pfanne an. Die Kirschtomaten füge ich am Ende hinzu, damit sie noch warm, aber nicht matschig werden. Schließlich noch ein Schuss kräftiges Olivenöl. Für den Geschmack.

Alles auf einen Teller, Kräuter darüberstreuen, ob Petersilie, Basilikum oder Minze, was eben da ist, frisch gemahlenen Pfeffer, vielleicht noch Parmesan reiben – fertig. Eine Mahlzeit, die in einer Viertelstunde auf dem Tisch stehen kann.

Das Gericht lässt sich beliebig variieren mit Gemüse der Saison. Mit Hackfleisch oder Hähnchen. Auch Feigen, Pflaumen oder Aprikosen schmecken gut dazu, vor allem in Kombination mit Ziegenkäse, Speck und Walnüssen. Man muss dieses Not-Essen nur ein wenig mitdenken, wenn man die Einkäufe für eine Woche plant. Denn ein solcher Tag des Unmuts oder der Unlust wird kommen! Und wir werden Teigtaschen haben und sie werden uns ein Labsal sein! Halleluja!

ZELTKÜCHE

Aufwändig zu kochen kann wunderbar sein: Mit viel Zeit, einer Unzahl von Töpfen, Schüsseln und Pfannen, mit Backofen und vielflammig, einem gut gefüllten Kühlschrank und Zugriff auf Gewürze und Vorräte — und am Ende sitzt man erschöpft und glücklich vor gefüllten Tellern. Aber es bereitet mindestens ebenso viel Freude, minimalistisch zu kochen. Wenn wir auf dem Campingplatz sind, gibt es Mahlzeiten aus der Zeltküche: Kochen auf ein bis zwei Flammen, mit ein bis zwei Töpfen, einer »Pfanne« (zugleich Deckel für die Töpfe), manchmal ist eine leichte Grillpfanne an Bord, immer ein Faltsieb, eine Faltschüssel, ein kleines Schneidebrett, mindestens ein Messer sowie zwei Teller.

Auf Reisen nach Südfrankreich formte sich eine Art Stammessen in der Zeltküche, weil es mit wenig Aufwand funktioniert, schnell zubereitet ist und durch viele Variationsmöglichkeiten nie langweilig wird. Die Zutaten sind in guter Qualität in den Sommermonaten zu bekommen, in der Zeit also, in der sich Camping generell anbietet. Muss man zwingend zelten, um dieses Gericht zu kochen? Natürlich nicht. Es schmeckt auch beim Grillabend, auf Terrassen und Balkonen oder schlicht am Esstisch. Es schmeckt immer nach Sommer.

Das Grundrezept besteht aus Couscous, Tomaten-Mozzarella-Salat mit Basilikum (Caprese) und einer herzhaften Beilage (Bratwurst oder Grillkäse). Das alles lässt sich in kurzer Zeit auf einer Flamme zubereiten.

Couscous ist großartig, wenn es schnell gehen soll. Mengenangaben finde ich schwierig, zumal man beim Zelten selten einen Messbecher zur Hand hat. Grundsätzlich nimmt man Instant-Couscous und Wasser im Verhältnis eins zu eins. Die Menge hängt davon ab, wieviel Salat, Gemüse und Wurst (oder eine fleischlose Alternative) ins Spiel

kommen. Couscous ist sättigend. Am Anfang einer Zelt-
reise gibt es regelmäßig eine Überproduktion, bis sich das
Gefühl für die richtige Menge eingestellt hat. Am besten
probiert man es zuhause aus und wiegt die Menge ab. Sie
dürfte zwischen 60 und 80 Gramm pro Person liegen. Dann
sucht man sich ein Gefäß, mit dem man diese Menge mes-
sen kann. Idealerweise eins, das man auf der Reise ohnehin
im Gepäck hat.

So geht's: Hitzefeste Schüssel bereitstellen. Zuerst den
Couscous abmessen und in die Schüssel geben. Dann das
Wasser auf dem Gaskocher zum Kochen bringen. In französischen Supermärkten gibt es bereits gewürztes Couscous, das nach orientalischen Gewürzen duftet. Das brachte mich auf die Idee, einfachem Couscous etwas Ras el
Hanout beizumischen. Ras el Hanout, der »Kopf des La-
dens«, also nach Art des Küchenchefs, ist als orientalische
Mischung vielseitig einsetzbar und besteht aus bis zu drei-
ßig verschiedenen gemahlenen Gewürzen.

Das kochende Wasser kommt zum Couscous, einmal
umrühren, die Schüssel abdecken und den Couscous quellen lassen. In der Zwischenzeit wäscht und schneidet man
die Tomaten. Es ist ein Sommergericht und hinein gehören Sommertomaten: Auch bei uns in Deutschland gibt es
immer häufiger alte Sorten wie Ochsenherzen, Berner Rose
oder Ananastomaten. Zu finden sind sie eher in Bioläden
und auf Märkten als im Discounter. Gut eignen sich auch
Marzano-Tomaten. Vielleicht hat man die Möglichkeit eigene Tomaten auf dem Balkon oder im Garten zu ziehen.
Hach, Tomaten! Es gibt sie immer noch als Wasserbomben
ohne Geschmack, aber wer einmal reife, duftende Paradei-
ser, wie man sie in Österreich oder Südtirol nennt, kosten
durfte, die nach Sonne und Frucht schmecken, der weiß,
dass es für eine Mahlzeit wenig mehr braucht als solche
Fruchtgemüse. Man schneidet also das rote Glück in gut

essbare Stücke oder Scheiben und drapiert sie ansprechend auf einem großen Teller oder in einer flachen Schale.

In der Zwischenzeit stellt man eine Grillpfanne auf den Gaskocher. In einem französischen Supermarkt haben wir eine sehr leichte Grillpfanne mit einklappbarem Holzgriff gefunden, die für Zeltreisen gut geeignet ist. Wegen der zunehmenden Waldbrandgefahr in den Sommermonaten sollte man auf das Grillen in freier Natur verzichten, auch auf Campingplätzen. Jeder Funke kann eine Katastrophe auslösen. Daher kommt unsere Freundin, die Grillpfanne, zum Einsatz! In Frankreich futtern wir uns regelmäßig durch die Merguez-Angebote der verschiedenen Regionen oder halten Ausschau nach anderen regionalen Bratwurstspezialitäten. Wer es fleischlos mag, kann alternativ zum Grillkäse greifen. Auch Grillgemüse in Form von Auberginen, Zucchini und Pilzen schmeckt dazu hervorragend.

Während es in der Grillpfanne brutzelt, zupft oder schneidet man Mozzarella über die Tomaten. Den Mozzarella sollte man vorher gut abtropfen lassen. Mozzarella ist nicht gleich Mozzarella. Wie bei fast allem lohnt es sich, durch Probieren herauszufinden, welcher einem schmeckt. Ich liebe ihn säuerlich und ein wenig cremig, andere mögen den Mozzarella vielleicht lieber fester. Auch Mozzarella aus Kuhmilch oder Büffelmilch ist Geschmackssache. Insbesondere bei Mozzarella aus Büffelmilch wie auch bei allen Produkten aus Kuhmilch sollte man aber auf die Herkunft achten, denn leider gibt es immer wieder Verstöße gegen den Tierschutz oder gegen das Tierwohl. Der Einfluss durch eine einzelne Kaufentscheidung mag gering sein und er ersetzt nicht die dringend notwendigen Entscheidungen der Politik, aber unterschätzen sollte man ihn deshalb nicht.

Nun werfe ich einen Blick auf den Couscous: Wie ist die Konsistenz? Löffel rein, einige Körner probieren: Ist er noch zu hart? Sollte ein Schlückchen Wasser rein? Oder ist er zu weich geworden, gebe ich noch etwas Couscous dazu? Sollte Letzteres nötig sein, muss der ergänzte Couscous noch etwas quellen. Auf jeden Fall gehört an dieser Stelle ein Esslöffel Olivenöl hinein, wahlweise ein Stück Butter. Denn das macht den Couscous geschmeidiger. Man kann auch einfach das Fett aus der Grillpfanne nehmen. Dann landet das im Essen und nicht im Spülwasser.

Tomaten und Mozzarella mit frisch gemahlenem Pfeffer, Meersalz, wenig Balsamico und Olivenöl würzen. Frisch gemahlener Pfeffer? Beim Zelten? Das geht tadellos mit einer kleinen Reisepfeffermühle. Einen Mörser mitzuschleppen, würde das Gepäck sprengen. Aber zuhause kann man natürlich auch frisch mörsern und den Duft des Pfeffers inhalieren.

Dann zupfe ich Basilikum über den Salat. Auf Zeltreisen mit dem Auto haben wir meist ein Reisebasilikum dabei: Ein mittelgroßer Topf mit dem aromatischen Kraut, der neben dem Zelt steht, täglich gewässert wird und zuverlässig frische Würze liefert. In Südfrankreich gibt es ein besonders kleinblättriges, dessen intensiven Geschmack ich liebe.

Alles auf einem Teller ergibt ein in jeder Hinsicht erfreuliches, vielfarbiges Gericht, das meiner Meinung nach besonders gut im sommerlichen Draußen bei Zikadengesängen zu einem Glas Rosé schmeckt ...

Das Fabelhafte an diesem Gericht ist, dass sich zahlreiche Varianten finden lassen, die sich nach dem täglichen Angebot von Obst und Gemüse richten. Wenn es erste Brechbohnen vom Feld gibt, koche ich zunächst einige Bohnen in Salzwasser, lasse sie abtropfen, abkühlen und gebe sie später zu den Tomaten. Zu den Tomaten gesellten sich auch schon frische Feigen, Wassermelone, Avocado und duftende Aprikosen. Reife Tomaten vertragen sich grundsätzlich gut mit Obst, das zur selben Zeit reif wird wie sie. Statt

Mozzarella kann man Schafs- und Ziegenkäse nehmen. Statt Basilikum schmecken Minze und glattblättrige Petersilie. Mit feingeschnittenen Schalotten und Knoblauch wird es herzhafter, dann passt auch frischer Thymian. Im Burgund haben wir dazu Fleisch vom Charolais-Rind in der Grillpfanne gebraten, im Périgord welches vom Aubrac.

Es braucht also nicht viel Zeit und auch nicht viel Zubehör, um sich etwas Gutes zuzubereiten. Und niemand muss beim Zelten eine Dose Ravioli auf den Gaskocher stellen. Also, es sei denn, man macht das aus Gründen der Tradition.

MAHLZEIT

Mein Magen murrt. Es ist Zeit. Zeit, am Schreibtisch eine Pause einzulegen. Ich gehe in die Küche, gieße mir ein Glas Wasser ein und denke über die Einkäufe nach, die ich gestern auf dem Markt tätigte. Fällt die Auswahl in den Wintermonaten schwer, weil sie so begrenzt ist, so ist es in der Zeit von Mai bis Oktober eine Herausforderung, sich zu entscheiden.

Beim Einkauf gehe ich innerlich eine Liste mit Fragen durch, wenn ich mir das Angebot ansehe: Was kann ich daraus machen, was lässt sich kombinieren, wie lange hält sich was? Angesichts beschränkter Kühlmöglichkeiten brauche ich eine gute Mischung aus Salaten und gut haltbaren Gemüsesorten. Der Spinat sieht gut aus, daneben liegt Pak Choi und grüner Spargel, alles aus regionalem Anbau, also keine zwanzig Kilometer von der Stadt entfernt gewachsen, am Tag zuvor geerntet, in Kisten gepackt und am Morgen zum Markt gefahren.

Was genau ich damit kochen werde, entscheidet sich am Tag selbst: Reis, Kartoffeln oder Pasta? Oder etwas anderes? Das ist die erste Frage, die sich stellt. Denn wenn nicht Reste vom Vortag da sind, muss ich die Garzeit einplanen. Ich lege das Gemüse vor mich hin: Spinat, Pak Choi, grüner Spargel. Im Kühlschrank gibt es noch Austernseitlinge vom örtlichen Pilzzüchter, fällt mir ein. Das wird etwas Asiatisches. Der Reiskocher darf sich unauffällig um den Reis kümmern. Jasminreis, blumig duftend, herrlich klebrig. Meine Lieblingssorte. Eine halbe Tasse davon, eine Tasse Wasser. Kein Salz.

Während der Reiskocher sein Werk beginnt, putze ich das Gemüse und die Pilze: Das Gemüse wasche ich und lege Pak Choi und den Spargel zum Abtropfen in ein Sieb. Ich entferne die Stiele vom noch nassen Spinat, zerpflücke die größeren Blätter, schneide die Stiele in kleinere Stücke und stelle den Spinat erstmal in einer Schüssel beiseite. Der Pak Choi ist klein. Es genügt, dass ich ihn halbiere. Lediglich die Stielenden schneide ich ab. Die äußeren Blätter sehen allesamt gut aus. Es kann alles dranbleiben. Das Ende der grünen Spargelstangen biege ich so an, dass das Ende genau da abbricht, wo mögliches Holz aufhört. Das untere Ende schäle ich, dann zerteile ich den Spargel in grobe Stücke.

In einer Pfanne erhitze ich Öl und lasse darin Pak Choi, grünen Spargel und Spinatstiele bei mittlerer Hitze einige Minuten anbraten. Nein, nicht zu sehr bräunen, nur leicht. Kein Salz, keine Gewürze. Zum Schluss gebe ich den Spinat hinzu und lasse ihn zusammenfallen. Ich schalte die Gasflamme aus und lasse das Gemüse in der heißen Pfanne auf dem Herd ruhen.

Ich schneide eine mittelgroße Schalotte in schmale Schnitze, schäle zwei Knoblauchzehen und schneide sie in nicht allzu feine Scheiben. Ich erhitze Öl in einer kleinen Pfanne und schwitze auf kleiner Flamme die Schalotten an, dann kommen die geputzten und grob zerkleinerten Austernseitlinge mit dem Knoblauch dazu. Diese Sorte Pilze nimmt rasch Farbe an und hat eine kurze Garzeit. Ich lösche alles mit Sojasauce ab und würze mit Chiliflocken. Mehr Gewürz würde den Eigengeschmack des Gemüses und der Pilze nur erdrücken.

Inzwischen sollte der Reis gar sein. Falls er noch zu kernig ist, kann man etwas Wasser zugießen und nach zwei, drei Minuten nochmals überprüfen.

Ich mache mir den Küchentisch schön: Platz freiräumen, ein rotes Tischset, ein schönes Glas, Wasser, Besteck. Ein gemusterter Teller, der mir immer gute Laune macht. Erinnerungen an einen Urlaub in Südfrankreich werden wach, wo wir ihn und drei seiner Kumpels im Supermarkt kauften.

Ich spüle die Tasse, mit der ich den Reis vorhin abgemessen hatte, kurz mit heißem Wasser aus, löffele den Reis hinein, drücke ihn fest und stürze ein hübsches Reistürmchen auf den Teller. Darauf und rundherum kommt das Gemüse, alles nett drapiert, darüber die Soja-Schalotten-Soße. Am Ende streue ich noch weißen und schwarzen Sesam darüber. Ich serviere mir selbst am Küchentisch und freue mich: Es sieht schön aus und schmeckt vorzüglich.

Das Wegräumen empfinde ich nach dem Kochen und Essen wie immer als lästig. Die Pfannen spüle ich mit heißem Wasser ab, ebenso das Schneidebrett und die Messer. Der Topf aus dem Reiskocher ist noch nicht leer: Ein Rest Reis wandert in einer Frischhaltedose in den Kühlschrank. Der Topf nimmt seinen Weg wie Teller und Besteck in die Spülmaschine. So. Schon besser.

Fenster auf, zufrieden durchatmen. Im Magen ein warmes Mittagessen. Vielleicht gehe ich noch kurz um den Block. Oder gleich zurück an den Schreibtisch. Mahlzeit!

WOANDERS KOCHEN

Lass' uns zusammen kochen!« Was nach einer gemüt-
lichen und geselligen Angelegenheit klingt, lässt mich
innerlich zunächst zusammenzucken. Selbst hier im Haushalt ist das Kochen zu zweit eher die Ausnahme als die
Regel. Und ausnahmsweise genieße ich es dann. Doch
für mich ist Kochen in der Regel eine Form von Verinner-
lichung. Dabei Gespräche zu führen, mehr Kochende als
mich zu koordinieren und zugleich damit zurechtzukom-
men, dass jemand anderes außer mir in Töpfen und Pfannen rührt, womöglich würzt, an den Herdflammen dreht
oder einen ähnlichen Eingriff vornimmt, das überfordert
mich. Umso mehr, wenn dieses Kochen in den Küchen anderer stattfindet.

Das fängt mit Ferienwohnungen an. Nach einschlägigen
Erfahrungen reise ich möglichst mit eigenem Schneidebrett und ein bis zwei Kochmessern. Würde eine Pfanne
nicht das Gepäck sprengen, nähme ich auch eine Pfanne
mit. Meine Gewürze sind ohnehin an Bord, zumindest die,
auf die ich nicht verzichten möchte. Die gefüllte Reisepfeffermühle kommt mit, außerdem ein paar essenzielle Lieb-
lingsgewürze wie Chiliflocken oder Ras el Hanout.

Allein ein anderer Herd als meiner bringt mich schon
durcheinander. Wir haben einen Gasherd. Es ist mein erster
– und schon nach dem ersten Mal wusste ich, dass ich nie
wieder etwas anderes will. Das Kochen auf einer Flamme,
das Anzünden des Gases, das rauschende, zischelnde Geräusch und vor allem die unmittelbare Steuerung der Temperatur lässt mich mit Elektroherden seitdem fremdeln.
Auf dem Herd meiner Mutter, der ein Ceran-Kochfeld hat
und über Sensoren gesteuert wird, drücke ich ungeduldig
und meist erfolglos herum. Der Induktionsherd in einem
Ferienhaus ließ mich vollends ratlos zurück: Nichts wurde heiß. Keine Geräusche. Da fehlt mir die archaische Seite

des Kochens, aber auch das Gefühl der Selbstwirksamkeit. Die kühle Stille des Induktionsherd machte mich seltsam traurig.

Doch damit lässt sich zurechtkommen. Am Ende gab es immer etwas zu essen. Es gibt andere Fallstricke, wenn man andernorts kocht, mit anderen zusammen. Oder man wird eingeladen, um vor Ort zu kochen. Angenehm finde ich es, wenn ich dann einfach nur zuarbeiten darf: Gemüse waschen, schälen, schnibbeln, so etwas. Schwieriger wird es, wenn ich »richtig« kochen soll. Jede Küche ist anders sortiert. Die Wege sind andere. Und die Zutaten unterscheiden sich oft von denen, die man selbst verwendet. Wenn mehrere Menschen zusammen kommen, muss man einiges klären: Wer macht was? Wer ist verantwortlich? Es gibt gute Gründe, warum die Zuständigkeiten in Profi-Küchen einer eindeutigen Ordnung folgen.

Im Zweifel ist es mir am liebsten, wenn sich alle am Küchentisch bequem bei einem Getränk zurücklehnen und mich in Ruhe machen lassen – ohne, dass ich mich am Gespräch beteiligen muss. Für andere kochen kann viel Freude machen. Aber es ist auch Stress: Es soll gut werden. Es soll gut aussehen. Es soll allen schmecken. Bekochte Menschen sollen sich wohl, vielleicht im Guten überrascht und im besten Sinne umsorgt fühlen. Und das auf glattem Eis einer unvertrauten Küche ist ein Abenteuer mit ungewissem Ausgang. Doch man wächst an Herausforderungen, oder?

FRIKADELLEN

Die besten Frikadellen der Welt macht mein Mann. Natürlich sind es die besten Frikadellen der Welt, weil sie mit Hingabe und Liebe gemacht wurden. Diverse Verkostungen von Frikadellen in Gaststätten, Metzgereien oder aus anderen Küchen konnten mich nicht überzeugen, dass es andernorts bessere gäbe. Neulich habe ich selbst Hand anlegen müssen, um sie zuzubereiten. Es waren höchstens die zweitbesten Frikadellen der Welt – immerhin.

Eine kühne Behauptung ist das natürlich, dass aus diesem Haushalt die besten Fleischklopse der Welt kommen. Denn gebratene Klöße aus zerkleinertem Fleisch gibt es in nahezu allen Küchen der Welt. Und so unterschiedlich wie die Zutaten sind die Namen für diese Klopse. Allein in Deutschland finden sich zahlreiche Benennungen: Neben Frikadelle, Fleischkloß oder -klößchen und Fleischklops gibt es die Bulette, das Fleischpflanzerl und Fleischküchle, das Hackplätzli und, so wurde es in der Küche meiner Mutter genannt, das Hackbällchen.

Kein Gericht für Vegetarier*innen. Vegetarische Frikadellen sind für mich Falafel, die ich wahrlich liebe. Wir sind ein flexitarischer Haushalt, so nennt man das wohl. Es gibt hier also oft Speisen ohne Fleisch, aber eben auch mit. Das Fleisch ist dann vom Metzger, der mir sagen kann, von welchem Hof das Tier kommt, und sogar noch selbst schlachtet. Ich nehme vorzugsweise Hackfleisch nur vom Rind oder gemischt mit Schwein. Hinein kommen ein Ei, Paniermehl, Petersilie, Knoblauch, Schalotten (alles fein gehackt und die Schalotten glasig angeschwitzt), Pfeffer, Salz, etwas Senf. Neulich hatte ich noch ein wenig Pul biber, die türkischen Gewürzpaprikaflocken, in die Masse gegeben. Alles wird gut vermengt. Das geht am besten mit den gut gewaschenen und nicht abgetrockneten Händen. Die Konsistenz der Masse sollte nicht zu trocken sein, aber so, dass man mit der Hand die Bällchen formen kann. Beim Metzger bekommt man zwar auch Frikadellen. Die sind aber groß wie Apfelsinen und die Zwiebeln darin sind mir zu grob gehackt.

Also: Wir formen kleine Frikadellen! Das macht nicht nur das Braten leichter, sondern meiner Meinung nach schmecken sie auch viel besser. Klein bedeutet etwa eine Größe von Tischtennisbällen – von kleinen Tischtennisbällen. Von allen Seiten werden sie in ausreichend Öl auf mittlerer Hitze kräftig goldbraun gebraten.

Da gerade die Zeit ist, in der es die ersten neuen Kartoffeln aus der Region gibt, lagen währenddessen schon eine Handvoll davon im Dämpfeinsatz des Kochtopfs. Darin garen sie im Wasserdampf, um sich anschließend in ihrer dünnen Schale eine Weile an der frischen Luft auszuruhen. Sie wandern der Einfachheit halber später zu den Frikadellen in die Pfanne und braten noch ein Weilchen mit, bis ihre Schale Farbe annimmt.

Zu Frikadellen und Kartoffeln passt ausgezeichnet ein Kopfsalat. Wenn es neue Kartoffeln aus der Region gibt, gibt es zeitgleich auch Kopfsalat vom Feld. Oder aber man macht sich einen Salat aus Stangenbohnen und dicken Bohnen mit einigen Tomaten und Lauchzwiebeln. Im Sommer ist das Angebot der Gemüsehöfe wahrlich schlaraffesk. Vielleicht hat man auch einen der ersten zarten Spitzkohlköpfe da, aus dem sich – in feine Streifen geschnitten und nur bei möglicher Unverträglichkeit kurz blanchiert – mit glattblättriger Petersilie und ein paar gehackten Walnüssen ein herrlicher Krautsalat machen lässt.

Ein Essen, das besser warm als heiß schmeckt. Eines, von dem man unbedingt mehr zubereiten sollte, als man sogleich verputzen kann. Denn die Frikadellen munden auch kalt ausgezeichnet. Hat man Kartoffeln und Bohnen übrig, wird daraus am nächsten Tag ein feiner Salat. Ein Krautsalat zieht abgedeckt nochmal gut durch. Nur den Kopfsalat, den sollte man tatsächlich aufessen.

ABWASCH

Ist eigentlich schon mal jemandem aufgefallen, dass eine entscheidende Sache in Kochsendungen, Büchern und Gesprächen übers Kochen stets verschwiegen wird? Der Abwasch. Man möge mich korrigieren, wenn Entscheidendes an mir vorübergegangen ist. Aber da steht er nun im Bild: Der Abwasch. Selbst wenn man die Küchentür schließt, steht er im Raum und geht nicht von selbst wieder weg.

Na, nicht gleich das Gesicht verziehen! Also, meins. Denn im ersten Augenblick klingt die Notwendigkeit, nach dem Kochen und nach dem Essen aufzuräumen, abzuspülen und die Spülmaschine einzuräumen, wenig verlockend. Vermutlich ist man müde und satt. Was schert mich mein verschmutztes Geschirr? Ach, doch, es schert mich. Es ist da.

Eine Spülmaschine ist ein Luxusgegenstand und hat vermutlich oft den Familienfrieden gerettet. Jahrelang ging es in diesem Haushalt auch ohne Spülmaschine, aber der Apparat hat schon viel für sich. In unserer Familie wird er gemeinhin »Spülesel« genannt, eng verwandt mit dem »Waschesel« – brave Nutztieres des Haushalts. Nur nicht so flauschig. Gut, in manchen Beziehungen gilt die Be- und Entladung der Spülmaschine als sensibler Knackpunkt. In hiesigen Gefilden herrscht schlicht gelassene Dankbarkeit vor, dass die Maschine ihren Dienst tut. Wobei das Ausräumen interessanterweise die größere Herausforderung darstellt als das Einräumen. Das wäre doch mal ein schönes Forschungsfeld für die Wissenschaft.

Apropos Wissenschaft: Kommen wir zum Abwasch. Man wächst so rein, in diese Betätigung. Als Kind stand ich öfter mit einem Küchenhandtuch neben meiner Mutter und trocknete ab, erst die Plastikschüsseln und Holzbrettchen, später, mit wachsender Feinmotorik, auch die zerbrechlicheren Gegenstände bis zur Paradedisziplin: fragile Sektgläser.

Was mir erst viel später aufging: Abwasch kann eine Art Lagerfeuer nach dem gemeinsamen Essen sein. Der Gedanke kam mir, als ich wieder mal mit dem Küchenhandtuch in der Hand neben einem Spülbecken stand und wartete, dass man mir Arbeit gab. Das Spülbecken war auf einem Campingplatz. Im Spülbecken befanden sich Gläser, Kaffeetassen, Brettchen, Löffel, Messer und ein kleiner Topf, das Milchdöppchen. Es spülte mein Mann. Ich trocknete ab. Es war ein schöner Moment des stillen Einvernehmens. Man tut etwas gemeinsam und es ist auch noch sinnvoll. Man kann sprechen, muss aber nicht. Jeder weiß, was zu tun ist. Und das Ergebnis sieht man dann sauber glänzend und frisch duftend vor sich.

Paradoxerweise hasse ich den Gedanken an Abwasch. Ich schiebe die Angelegenheit vor mir her. Denn zu spülen gibt es auch in Haushalten mit Spülmaschine genügend: Allen voran die Küchenmesser. Sie haben in der Spülmaschine nichts zu suchen, weil sie darin stumpf werden und Spülmittel, Spülmaschinensalz und Klarspüler die Klingen porös werden lassen. Auch die Griffe leiden. Grundsätzlich sollte man Küchenmesser gleich nach der Benutzung mit warmem Wasser und vielleicht einem Tropfen Spülmittel reinigen. Macht man aber nicht immer; also ich. Da sammelt sich schon mal etwas an. Ebenso Schneidebretter, Frühstücksbrettchen, Plastikschüsseln, Töpfe und dünnwandige Gläser, die ebenfalls nichts in der Spülmaschine zu suchen haben. Da steht er dann, der Abwasch, und blickt anklagend.

Nun macht man ja den Abwasch nicht immer mit jemandem zusammen. Ich höre dann gern Radiobeiträge als Podcasts. Der lästige Abwasch wird zur Pause, an deren Ende sich Zufriedenheit breitmacht. Und was soll ich sagen? Genug geredet: Ich gehe nun in die Küche und werde abwaschen!

BÜDCHENLIEBE

Früh am Morgen stehen die ersten Nachbarn dort, um den Tag mit einem Kaffee zu beginnen. Lässig lehnen sie am Büdchen. Im Sommer zirpen die Mauersegler über dem Platz. Die Agneskirche zählt die Viertelstunden und sortiert uns mit ihrem Geläut die Zeit. Nicht weit vom Büdchen entfernt steht ein öffentlicher Bücherschrank, in dem man unerkannt und ohne Formalitäten Bücher tauschen, hinterlassen oder mitnehmen kann. Gerade eben sucht sich jemand ein Buch aus und blättert darin. Eine Nachbarin nähert sich mit einer Stofftasche und stellt einige Bücher ein. Gedämpfte Grüße gehen über den Platz, einer winkt zum Büdchen. Das Büdchen. Dort gibt es Kaffee. Verdammt guten Kaffee. Wer Hunger hat, isst Crêpe oder Sandwich dazu. Naschwerk gibt es für jeden Geschmack, natürlich auch saure Schlangen, weiße Mäuse und süße Lakritzschnecken für die gemischte Tüte.

Am Büdchen trifft sich die Welt. In leuchtendem Rot steht es inmitten von Hochbeeten, auf denen die Stockrosen blühen. Es ist eines der ältesten Büdchen im Norden Kölns, eine Institution. Wie eine Insel liegt der kleine Platz da, auf dem das Büdchen steht, umspült vom Verkehr der angrenzenden Straßen.

Hier befindet sich das verlängerte Wohnzimmer der Menschen, die keinen Balkon, keine Terrasse, keinen Garten haben, all jene, die den öffentlichen Raum als Erweiterung ihrer Wohnungen schätzen. Menschen wie ich, die abends mit Feierabendbier vorm Büdchen sitzen, »Veedelsfernsehen« gucken und den Schwatz mit der Nachbarschaft schätzen. Oft geht man auf gut Glück vorbei, um zu sehen, ob jemand dort sitzt, den man kennt. Man sieht Menschen Zeitung lesen, ein Buch, vielleicht eins aus dem Bücherschrank, vielleicht eins aus der Buchhandlung um die Ecke.

Weiter hinten spielt jemand leise auf seiner Gitarre; einige Straßen entfernt ist die Musikhochschule. Oft packen in der Nähe des Büdchens Menschen ein Instrument aus und machen Musik. Selten verirrt sich ein versprengter Junggesellenabschied ins Viertel und steht so neugierig wie ratlos in der Gegend herum. Manchmal sieht man ein Grüppchen auf Fahrrädern vor der Agneskirche halten und jemand erzählt die Geschichte von der zweitgrößten Kirche Kölns, die vor noch etwas mehr als hundert Jahren inmitten von Kohlfeldern errichtet wurde und vor über vierzig Jahren beinahe abgebrannt wäre. Neugierige Blicke fallen auf das bunte Leben auf dem Platz vor St. Agnes.

Am Büdchen ist das Bier immer kaltgestellt, die passende Trinkhilfe in Form von Nüsschen liegt stets parat. Manchmal dauert es länger, bis man drankommt, und man ruht sich in der Schlange beim Anstehen ein bisschen aus. Guckt in der Gegend herum, lässt sich von der Agneskirche den Abend einläuten oder krabbelt den Hund der Nachbarn, der soeben vorbeigeführt wird. Weiter hinten malen Kinder mit Kreide Fische und andere ulkige Wesen aufs Pflaster.

Büdchen gehören zu Köln wie der Dom? Eher gehören sie zu Köln wie die vielen romanischen Kirchen, die das Stadtbild und die Geschichte von Köln prägen, aber neben dem Dom oft nicht weiter auffallen. Auf den zweiten Blick ahnt man, was fehlte, wären sie nicht da. Nicht jedes Büdchen prägt das Stadtbild so wie das leuchtendrote Büdchen im Schatten der Agneskirche. Es gibt die Büdchen, die prominent im öffentlichen Raum stehen und Dreh- und Angelpunkt ihres Viertels sind. Andere schmiegen sich unauffällig in die Häuserreihen. An manchen Orten nennt man das Büdchen Trinkhalle, Späti oder Kiosk. Doch jedes einzelne wird gebraucht: zum einen und vor allem für das kühle Getränk, zum anderen für die kleine Nahversorgung, wo man den vergessenen Liter Milch oder eine Dose Ravioli bekommt.

Gestern am späten Abend ging ich am Büdchen vorbei nach Hause. Klapp, klapp, machte es. Werden andernorts die Bürgersteige hochgeklappt, wird hier das Büdchen ein-geklappt. Ringsum hat sich der Platz geleert. Das Licht geht aus. Das Büdchen ist zu. Der Tag ist zu Ende. Gute Nacht, Agnesviertel!

SCHWESTER VERONIKA · SEITE 13

Salat mit Joghurt-Zitronen-Dressing und grüner Spitzpaprika

Für 2 Portionen

- 1 Kopfsalat
- 2–3 grüne Spitzpaprikas
- 1–2 EL ungeschälte helle Sesamsaat, fettfrei in der Pfanne an-geröstet
- ½ Bund glattblättrige Petersilie, fein geschnitten (gerne mit Stiel)

- *Dressing:*
- ½ Becher Joghurt (125 g)
- 1 Bio-Zitrone, Saft und Schalenabrieb
- 2 EL Olivenöl extra vergine
- 1–2 EL heller Balsamico
- Meersalz und bunter Pfeffer, frisch gemahlen

- 1 frisches Fladenbrot

VON ÄPFELN UND APRIKOSEN · SEITE 17

Wibkes Knoblauchpaste

Für ca. 6 Gläser à 100 ml Paste

- 5 junge, frische Knoblauchknollen, am besten mit Stängel (à ca. 100 g)
- 1–2 EL feines Meersalz
- 50 ml mildes Olivenöl extra vergine

⸮ Äußere Häute und Wurzeln der Knoblauchknollen entfernen.
Mit Meersalz und Olivenöl in einem Standmixer zu einer glatten
Masse pürieren. In sterilisierte Einmachgläser füllen, mit etwas
Olivenöl (wie bei Pesto) bedecken, Deckel gut schließen. Kühl
und trocken lagern. Die Paste hält sich so mehrere Wochen und
ist ein prima Geschmacksgeber für herzhafte Gerichte.

IST GRÜN, SCHMECKT GRÜN · SEITE 33

Grünkohlpesto

Für 3 Gläser à 125 ml Pesto

⸮ 5–6 Grünkohlstängel, Stiele entfernt
⸮ 1 Handvoll Haselnüsse oder Mandeln, fettfrei angeröstet
⸮ 2 Knoblauchzehen, geschält
⸮ 1 Zitrone, Saft
⸮ 250 ml mildes Olivenöl extra vergine
⸮ 1 TL Walnussöl
⸮ 1–2 TL Honig (Tannen- oder Akazienhonig)
⸮ 3–4 EL Parmesan, frisch gerieben
⸮ Meersalz und schwarzer oder bunter Pfeffer, frisch gemahlen

Grünkohlgemüse

Für 2 Portionen

⸮ ca. 10 Grünkohlstängel
⸮ Sojasauce
⸮ Sesamsaat, fettfrei angeröstet

AUSFLUG NACH MAROKKO · SEITE 45

Hähnchen-Tajine mit Gemüse

Für 2 Portionen

- 2 große Hähnchenschenkel (ca. 600 g)

- *Marinade (Saaten und Samen im Mörser zerstoßen):*
- je 1 TL Kreuzkümmel-, Koriander- und Schwarzkümmelsamen
- 1 TL Kurkuma
- 1 Prise Chiliflocken (Pul biber)
- je 2 TL edelsüßes Paprika- und Zimtpulver
- je ½ TL Senf- und Fenchelsaat
- 2–3 grüne Kardamomkapseln
- 1 Stück frischer Ingwer, etwa daumengroß, feingehackt
- schwarzer Pfeffer und Meersalz, frisch gemahlen
- 50 ml Olivenöl extra vergine
- 2 EL Honig

- 2 rote Gemüsepaprikas
- 4–6 Schalotten (je nach Größe), geschält
- 3–4 Knoblauchzehen, geschält
- ½ Bund glattblättrige Petersilie
- ca. 150 g Kirschtomaten
- ca. 150 g grüne Bohnen (frisch oder TK)
- 2–3 EL Mandeln, gehäutet
- 2–3 EL helle Rosinen

- Öl oder Ghee zum Anbraten

- 100 ml Weiß- oder Roséwein und ca. 250 ml Hühnerbrühe

- 1 Tasse Instant-Couscous (ca. 125 g)
- 1 EL Aprikosenkonfitüre und 2 TL Tomatenmark

Geklärte Rinderbrühe

Für 2 ½ l Brühe

- 1 große gelbe Zwiebel oder Metzgerzwiebel
- 1 Rinder-Beinscheibe (ca. 500 g) und ca. 250 g Rinderknochen
- 3–4 l Wasser
- ¼ Sellerieknolle
- 2–3 Möhren
- 1 Petersilienwurzel
- ½ Kohlrabi
- 1 Lauch
- eine Handvoll getrocknete oder zwei Handvoll frische Pilze
- 2–3 Lorbeerblätter
- ½ EL Pfefferkörner
- 3–4 Pimentkörner
- 1 Bund glattblättrige Petersilie
- 2–4 Stängel Thymian, nach Geschmack
- 1 Stück Zitronenschale (Bio-Zitrone)
- Meersalz und schwarzer Pfeffer, frisch gemahlen

- *Zum Klären:*
- 2–3 Eiweiß

RESTEKÜCHE · SEITE 71

Kartoffel-Spargel-Salat mit Pilz-Lauch-Pfanne

Für 2 Portionen

❧ 3–4 mittelgroße, vorwiegend festkochende Kartoffeln (z.B. Annabelle), vorgegart

❧ 4–5 Stangen weißer Spargel, geschält und vorgegart

❧ Die Kartoffeln und den Spargel mit einem Joghurt- oder Essig-Öl-Dressing nach Wahl anmachen.
Wie in der Geschichte vermerkt funktioniert für dieses Rezept auch jegliche Art von Kartoffelsalatresten.

❧ ca. 150 g Pilze nach Saison, geputzt

❧ ½ Bund Rucola

❧ 2 Möhren

❧ 1 kleiner Lauch

❧ ½ Bio-Zitrone

❧ 2 EL Olivenöl

❧ Knoblauchpaste, s. S. 114

❧ Meersalz

❧ ca. 1 TL Honig

Bratkartoffeln aus der Heimbürokantine

Für 2 Portionen

- 4 mittelgroße, vorwiegend festkochende Kartoffeln, vorgekocht oder roh, je nach Zubereitungsart
- 2–3 EL Bratöl

- *Für den Salat:*
- Blattsalat nach Saison
- 1 Stück Obstbeilage nach Saison (Apfel, Birne, Melone)
- 1 Handvoll frische Sprossen
- Gemüsebeilage nach Saison für 2 Portionen (½ Bund Radieschen oder 1 Mairübchen oder 1–2 Möhren oder 1 Gemüse- oder Spitzpaprika oder 1 kleiner Rettich oder ½ Salatgurke oder 1 Gartengurke)
- 2 EL Granatapfelkerne, frisch ausgelöst, oder 3 EL Linsen, vorgegart
- evtl. ½ Feta oder 1 Mozzarella oder anderer Käse (evtl. gerieben)
- Sonnenblumenkerne oder Sesamsaat, mit den Kartoffeln angeröstet

- Für die Gemüsebeilage passen z. B. auch Lauch, Brokkoli, Blumenkohl, Spargel, Erbsen oder Edamame, nach Angebot und Saison.

ROSENKOHL · SEITE 80

Auflauf mit Hokkaido, Maronen und Rosenkohl

Für 2 Portionen

- 400 g frischer Rosenkohl
- 1 kleiner Hokkaido
- ca. 200 g vorgegarte und geschälte Maronen / Esskastanien
- 3–4 El Olivenöl
- 2 Schalotten, geschält
- 2 Knoblauchzehen, geschält
- 2 EL Rohrohrzucker
- nach Geschmack: 50 g Speck
- 80 ml Sahne
- 50 g Parmesan, frisch gerieben
- 1 Prise Muskat, frisch gerieben
- Meersalz und schwarzer Pfeffer, frisch gemahlen
- Käse nach Geschmack (Greyerzer, Bergkäse oder restlicher Parmesan oder Pecorino), frisch gerieben

RÜBSTIEL · SEITE 85

Rübstielvariationen aus der Heimbürokantine
Als Eintopf und als Pasta

Eintopf für 2 Portionen

- ½ kg Stielmus
- 1 gelbe Zwiebel, geschält
- je 1–2 EL Butter und Rapsöl
- etwas Wasser
- 2–3 vorwiegend festkochende Kartoffeln (ca. 350 g)
- 1 Prise Muskat, frisch gerieben

- Meersalz und schwarzer Pfeffer, frisch gemahlen
- Gemüse- oder Hühnerbrühe und / oder Sahne, gesamt ca. 250 ml
- pro Portion: 1 Mettwurst (dann weniger salzen)

Pastagericht pro Portion

- 300 g Stielmus
- 1 rote Zwiebel, geschält
- 1–2 Knoblauchzehen, geschält
- mildes Öl zum Erhitzen
- 50 ml Weißwein
- 150–200 g Penne oder Tortiglioni
- 2–3 EL Crème fraîche
- Meersalz und schwarzer Pfeffer, frisch gemahlen
- 2 EL Pinienkerne, fettfrei angeröstet
- 30–50 g Parmesan, frisch gerieben

HEIMBÜROKANTINE UNTERWEGS · SEITE 93

Wibkes Lieblingsstulle

Für 2 Stullen

- 4 Scheiben saftiges Vollkornbrot
- ca. 50 g Frischkäse und 4 Scheiben roher Schinken und / oder 4 Scheiben würziger Hartkäse (Greyerzer, Appenzeller, Bergkäse, mind. 6 Monate gereift)
- Butter, so frisch wie möglich, am besten direkt vom Markt
- Dazu: 1–2 Tomaten, 1 Stück Salatgurke oder Gartengurke, 1 säuerlicher Apfel (z. B. Braeburn, Jamba, Zitronenapfel, Gloster, Ontario; wer es gern sauer mag: Boskoop), 1–2 Eier, hartgekocht
- Zum Trinken: 1 Thermoskanne mit Tee in der kälteren Jahreszeit und ausreichend Wasser in wärmeren Monaten

TORTELLINI MIT DINGEN · SEITE 95

Teigtäschchen con gusto

Für 1 Portion

- 200 g Tortellini mit Käsefüllung (frisch von der italienischen Feinkosttheke oder aus dem Kühlregal)

- *Für die Sauce:*
- 2–3 Knoblauchzehen, geschält
- ca. 250 g Gemüse nach Saison und Angebot: z. B. Pilze, Spitzkohl, Paprika, Erbsen (TK)
- 1 Handvoll Kirschtomaten

- frische Kräuter, z. B. Basilikum, Thymian, Oregano, Minze
- Pinienkerne oder Walnüsse
- etwas Parmesan, frisch gerieben
- je nach Saison und Gusto: Ziegenfrischkäse, Feigen, Pflaumen, Aprikosen, Hähnchenbrust, Hackfleisch und/oder Speck

- zum Abschmecken: Meersalz und schwarzer Pfeffer, frisch gemahlen

Asia-Gemüse mit Soja-Schalotten und Jasminreis

Für 1 Portion

- 60 g Jasminreis (ungegart), Zubereitung im Reiskocher oder aber im Topf mit der doppelten Menge Wasser und ohne Salz (am besten mehr zubereiten für weitere Mahlzeiten)

- 200 g Babyspinat oder frischer Blattspinat
- 1 kleiner Pak Choi
- ½ Bund grüner Spargel
- ca. 100 g Austernpilze
- 1 Schalotte, geschält
- 2 Knoblauchzehen, geschält
- 1 EL Bratöl oder ungeröstetes Sesamöl
- 2–3 EL Sojasauce
- 1 Prise Chiliflocken
- helle und schwarze Sesamsaat

In derselben Reihe erschienen

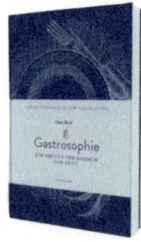

Gastrosophie · *Ein Brevier für Gaumen und Geist*
von Hans Balzli · wiederaufgelegte Originalausgabe von 1931
112 Seiten mit zweifarbigen Illustrationen, Leinenband mit Lesebändchen
ISBN 978-3-7750-0800-6

Geistreiches und Nachdenkenswertes von damals für heute:
Launige Einführung und kleine Gebrauchsanweisung, wie man
bewusst und gekonnt genießt.

Trüffeltang, Ananas-Ameisen und die Fässer des Herrn Takahashi ·
Kulinarische Reisegeschichten vom Polarkreis bis Honolulu
von Claudia Zaltenbach, 184 Seiten mit zweifarbigen Fotos und Illustrationen,
Leinenband mit Lesebändchen
ISBN 978-3-7750-0813-6

Storys einer kulinarischen Globetrotterin über unvergessliche
Geschmacksentdeckungen zwischen Amazonas und Alm:
Interessant, unterhaltsam und wahrhaft köstlich, alle Sinne
ansprechend und Appetit machend.

Zopfbrot mit Blaulicht · *Zwischen Alb und Afrika: Backgeschichten vom Lorettohof*
von Günther Weber, Zeichnungen: Rainer Weber, 128 Seiten mit zweifarbigen
Illustrationen, Leinenband mit Lesebändchen
ISBN 978-3-7750-0803-7

Begnadeter Bio-Bäcker und großartiger Geschichtenerzähler:
Günther Weber erzählt von seinem spannenden Leben
und den Erlebnissen in der Backstube und auf Reisen. Seine klare
Haltung, wenn es um gutes Brot geht, findet sich auch in anderen
Lebensbereichen wieder.

Informationen über weitere Genussbücher aus dem Programm
des mit dem Deutschen Verlagspreis ausgezeichneten unabhängigen
Hädecke Verlags finden Sie auf unserer Website www.hädecke.de oder
senden wir gerne unverbindlich zu:

Hädecke Verlag GmbH & Co.KG
Postfach 1166
D-71256 Weil der Stadt

Mail: info@haedecke-verlag.de

Danksagung

Ich danke:

Arthur Hoffmann,
der mir unerschütterlich Platz verschafft,
ob in der Heimbürokantine oder darüber hinaus.

Meiner Mutter,
die mir immer noch den Stiel vom Blumenkohl aufbewahrt,
weil ich den so gern esse.

Julia Graff,
die so vieles in diesem Jahr für mich ins Rollen brachte,
ob Rad oder Buch.

Simone Graff,
die mir und meinen Texten ganz wunderbar auf die Sprünge half.

Dorothee Junck,
Schwester im Geiste und Verbündete.

*Jeden letzten Montag im Monat ist die #Heimbürokantine live auf Instagram –
mit Autorin Wibke Ladwig und Verlegerin Julia Graff
auf dem Hädecke-Kanal (instagram.com/haedecke).*

Impressum

ISBN 978-3-7750-0814-3
© Hädecke Verlag GmbH & Co. KG, 71256 Weil der Stadt, 2021
www.hädecke.de

Textnachweise: Zitat auf Seite 34 aus »Max und Moritz – eine Bubengeschichte in sieben Streichen« © Wilhelm Busch, Erstveröffentlichung 1865, München · Liedtext auf Seite 59 mit freundlicher Genehmigung aus "Here's The Part" © Michelle Gurevich, 2020, vom Album »Ecstasy in the Shadow of Ecstasy« · Zitat auf Seite 79 aus dem Gedicht »Zur Ruh«, © Nelly Sachs, Erstveröffentlichung 1929 in »Vossische Zeitung«, Berlin

Bildnachweise: alle Illustrationen **vectorstock.com**
Cover: AvaBitter (Mütze) & Tartila (Messer, auch Seite 54) ·
Seiten 4, 104, 113: sadpigeon · Seite 8: Yuliia · Seiten 16, 20, 23, 52, 68, 73, 78, 101: Epine
Seite 24: Andrii_Oliinyk · Seite 27: Val_Iva · Seite 28: kamenuka ·
Seiten 36, 44, 94: apokusay · Seite 70: AlenaKaz · Seite 84: Natality
Seite 92: JuliannaMillion

Lektorat: **Simone Graff** · Schlussredaktion: **Jo Graff**
Gestaltung und Satz: **Julia Graff, Hädecke Verlag**

Gesetzt aus der Cardamom (Adobe) und der Brandon Grotesque
von *Hannes von Döhren* (HVD Fonts), Icons: LiebeCook (LiebeFonts)

Printed 2021 in Germany · 4 3 2 1 | 2024 2023 2022 2021

Druck auf chlorfrei gebleichten Materialien, die aus vorbildlich bewirtschafteten, FSC®-zertifizierten Wäldern und anderen kontrollierten Quellen stammen.

Ein verlagsneues Buch bekommt man in Deutschland und Österreich überall zum selben Preis. Die kulturelle Vielfalt wird durch die gesetzliche Preisbindung geschützt. Auf dem Land und in der Stadt, im Internet und in jeder Buchhandlung gilt der gebundene Ladenpreis.

Liebe Leserin, lieber Leser,

Schön, dass Sie dieses Buch aus unserem Verlag in Ihrer Buchhandlung entdeckt, von jemandem geschenkt bekommen oder an anderer Stelle erworben haben.

Hat es Ihnen gut gefallen? Dann posten Sie doch ein Bild davon oder vielleicht von Ihrem neuen Lieblingsrezept aus dem Buch mit dem Hashtag #genussbuch und verlinken Sie uns!

Sie finden uns beispielsweise bei
facebook.com/haedecke.verlag
instagram.com/haedecke
youtube.com/haedeckeverlag
pinterest.com/haedecke

Natürlich können Sie auch auf anderem Weg mit uns Kontakt aufnehmen, um uns mitzuteilen, wie Ihnen das Buch gefällt, welche Bücher Sie außerdem interessieren und was Sie sich vielleicht von uns wünschen würden. Wir freuen uns auch über Post oder eine Mail. Hat Sie etwas besonders angesprochen? Haben wir evtl. eine wichtige Information übersehen, die Sie sich im Zusammenhang mit diesem Buch gewünscht hätten? Können wir Ihnen bei Rückfragen zu Rezepten behilflich sein? Oder ist Ihnen möglicherweise sonst etwas aufgefallen? Wir sind neugierig auf Ihre Meinung! Mit Ihrer Rückmeldung helfen Sie uns, noch besser zu werden:

leserservice@haedecke-verlag.de

Falls Sie gerne regelmäßig und als Allererste über Neuerscheinungen oder Neuigkeiten aus unserem Haus informiert werden möchten, können Sie sich hier bei unserem Genussletter anmelden:

hvlink.de/genussletter

Viel Vergnügen mit diesem literarischen Genussbuch wünschen
Simone & Julia Graff